COSMIC
GARDEN
VISION INFINITY

The Portal to Cosmic Consciousness

THE HAPPY MEDIUM

快樂靈媒

來自「另一邊」的生命課程&啟動你的心靈能力

LIFE LESSONS FROM THE OTHER SIDE

你會看到這本書有神聖的理由

靈魂世界顯然有訊息要給你

金・羅素 Kim Russo 著　張志華、舒靈 譯

「一本非常重要又勇氣十足的書…… 我高度推薦這本值得珍藏的好書。」

——布萊恩・魏斯博士（《前世今生》作者）

園丁的話

不知死，焉知生；這是出版這本書的主要意義。

我們對死亡的看法，絕對會影響我們對生命的態度。許多人以為自己是在非自願的情況下被生下來，然後打鴨子上架地被迫在現實的社會裡奮鬥求生存，苦中作樂，內心充滿問號的度過一生。當人們能夠認知到出生與死亡其實都是自己的選擇與安排，我們意識上對人生的主導權就回到了自己手上；我們理解到一切的發生都有它靈性的意義。生命，是有意義的，而每一次的人世，都有靈魂設定要達到的目標和學習的課題。

同樣的，當人們明白每個人都有與生俱來的心靈能力，只在於是否開發和開發的程度，那麼看待那些自稱能收到訊息的人的眼光真的就可以平常心了。不用盲目崇拜和讚嘆，那只會滿足他們小我的虛榮（對他們的靈魂成長沒幫助），而且只是讓他們更能操控你（這對你自己的靈魂成長沒幫助）。

靈媒和任何身心靈工作，都是一種職業，既是職業，自然也是一種技術，也就有進步與鑽研的成長空間。不是口頭上的「我能接收宇宙訊息」、「我能通靈」或「我可以跟你的指導靈說話」那麼空泛的事。當遇到那些誇耀自己有特殊能力的身心靈圈人士，直接發問，問得越細節越好，讓對方以實證來贏得你的認同與信任。不要因對方一味討好你的小我，或是訴諸恐懼的話術，或盡說些籠統的美好語彙而失去了判斷力。如果更多人能對心靈能力多些了解，這社會就會少些人被神棍所騙。

作者雖然很有天賦，她在內文提到，在自認是靈媒實習生的階段，至少一年她不收取費用，收了會心裡不安，這也是令我很認同的一點：她嚴肅看待自己所做的事，誠實並尊重自己和來找她的人。我想，就是這種追求真實的態度（靈魂世界會更願意支持和協助），以及天賦加上練習，她的通靈解讀才會準確（這樣才能真正幫上人）。她並也通過了兩個具公信力的基金會驗證。

靈魂不死，萬物皆能量。雖然宇宙花園早期的《天堂之旅》便對「另一邊」有更詳盡的說明，在我認為，目前多數人類最需要的務實資訊之一，仍是認識自己靈性的本質和本有的心靈能力——相信自己內在的神聖力量。相信自己與神性源頭從來不是分離的。

希望透過這本書的出版，能夠協助去除人們對死亡的恐懼，並進而思考生命的終極意義。

目次｜Contents

快樂靈媒

我們無法教人們任何事；
我們只能幫助他們在自己心裡發現。
——伽利略（Galileo）

這本書獻給我的天父；創造出這個廣大和美妙宇宙的造物主：是祢無限的智慧教導我，祢的力量支持我，祢的愛滋養我。沒有祢，這一切都不可能發生。我謙卑地將這本書和所有榮耀與讚譽獻給祢。

給我的指導靈：你們耐心地等我憶起出生的目的，並持續在人生中指引我，傳遞令人安心的徵兆，為我清除前方的道路，讓我能有所貢獻：感謝你們在我大大小小的靈魂課程中協助我，感謝你們總是清楚什麼對我最好，尤其在我不知道的時候。

獻給我過去多年來接觸到的離世靈魂：我以謙卑的心和莫大的榮耀充當你們的聲音。感謝你們信任我，讓我為你們傳遞那麼多真誠訊息給你們所愛的人。透過這些訊息，你們讓我笑，也讓我哭，但最重要的，你們讓我相信了真正的我們永遠不死。

作者序

當你想到靈媒，腦中第一個出現的是什麼字眼？沒關係，你可以說出來。

我也曾經認為他們是騙子。我想像他們穿著輕飄飄的長袍，掛著圓形大耳環，也許還戴著頭巾。在我心裡，他們就像拐騙你付錢點蠟燭和驅魔，或是用水晶球算命，跟你說你的未來會是如何的吉普賽女人。

我當然不是上面提到的那種人。我是三個成年兒子的母親，一個賢淑的妻子，嫁給同一個男人二十八年；直到不久前，我還忠誠地照顧兩隻可愛的西施狗，瑪西和瑪姬，牠們都活到十八歲高齡。很多人看到我時，說我讓他們想起認識的某人；他們最要好的朋友多娜，或鄰居麗莎，甚至只是他們喜歡一起消磨時間的同伴。偶爾會有人說，我看起來像藝人寶拉．阿巴杜（Paula Abdul）或女星克絲蒂．艾莉（Kirstie Alley），但從來沒有人說，「嘿，妳知道嗎？妳看起來像是會通靈。」我自己洗衣服，打掃房子，下廚煮飯，我自認是頭腦冷靜、踏實、有邏輯和理性的人。

我為什麼要告訴你們這些？因為靈性的天賦並不是只賜給那些盤腿坐在遙遠山頂，整天念誦經文的特殊人士。靈性天賦也會給予像你我一樣非常平凡的人。你永遠不會知道你最喜歡的老師、醫生、律師或警察是不是就具有敏銳直覺或其它的心靈天賦，只不過他們把它當成羞恥的秘密隱藏起來了。

我也將我的能力隱藏了很長一段時間。我一直在房地產公司擔任執行秘書，直到我先生安東尼和我決定要有小孩後才辭職。

安東尼現在已經退休，但這麼多年來，他身兼好幾份工作，就為了讓我能待在家裡照顧三個兒子。我們向來有計畫等孩子上了全天課，我就回職場繼續以前的工作。孩子們現在都已長大並完成學業，只不過我並沒有回到原本的工作。由於許多知道我的情形的友人鼓勵，我坦率承認天賦並追求我真正的天職。我在很年輕的時候曾經幻想我的天職是當職業歌手；我很喜歡拿著麥克風站在舞台，透過聲音讓人們快樂的想法。

快轉到多年後——雖然我還是喜愛音樂，而且確實是拿著麥克風站在台上，透過聲音所傳達的訊息讓人們感到喜悅——情況卻跟我曾有的想像非常不同。我並不是以歌聲激勵群眾，而是轉述死後世界傳來的充滿希望、愛與鼓勵的訊息而啟發他們。在我更了解靈媒能夠幫助自己和人們覺醒並提升心靈後，我從一個不怎麼情願，並且是在檯面下進行通靈的靈媒，一變而成了許多人口中的**快樂靈媒**。透過我現在做的事，我帶給許多人，還有自己，極大的喜悅。

我常被問到為什麼有些人有這個天賦，有的人卻沒有。我的答案似乎總會讓人驚訝：我們都有心靈能力，每個人天生都有，這是我們靈性DNA的一部分。這個天賦跟能量以及我們怎麼發揮它有關。科學已經證明，宇宙的一切都是由能量組成。基本上，你們將在書裡發現靈魂的能量有獨特的振動印記，它能夠超越時空。那些練習心靈能力的人和甚至不知道本身有這種能力的人的差別，就在於前者培養了對能量的認識，而且比較瞭解我們的感官——不只是五種感官，還有其他感官——是如何與能量互動並幫助我們對事物有更深層的認識。

我小時候並不知道這些。我不了解能量。我只知道當我獨自在臥房時，房間裡有大多數人看不見的訪客。很多我在日常生活中接觸的人也不了解能量的科學。我自小在虔誠的基督教家庭長大，被教導如果愛上帝並且信任上帝，我就不必懼怕任何事——上帝和祂的幫手會一直在我身邊守護。這點我從來不需要從教會或學校學到，因為從我會走路和說話開始，我就自然能感受到身邊有至高無上的臨在。但當我天真地運用平常之外的感官，同樣教導我上帝的事的某些人——那些我期望從他們口中得到確認的權威人士

——卻傳達給我非常混亂的訊息。我內心覺得使用與生俱來的感官是對的，但他們和這個世界卻告訴我是錯的。

在我尋找真相的過程中，我發現不論你是誰，做什麼工作，或來自什麼地方都不重要。不論你生在什麼宗教背景的家庭，或目前從事什麼形式的療法都沒關係，重要的是，我們全都是神性生命源頭的翻版。我們從來不是要與整體分離。就像魚離開水無法生存，牠們需要水才能茁壯成長，人類也絕對需要神聖源頭的能量讓我們更接近真正的自己。

我在有生之年都會把自己當作是宇宙的學生。我不會說我知道所有未知世界的答案，然而，藉著在此與你們分享我的發現之旅，我的目標是希望能幫助你們以最簡單的方式了解宇宙某些道理。

在閱讀本書的過程中，你們將會知道靈魂世界是如何為我開啟這道門，讓我得以透過電視和書籍與你們分享我的知識，而我在這一路上的發現又將如何影響你們。我希望鼓勵你們放下在生死議題上令你們受限的信念和恐懼；這些恐懼與信念是透過我們各自的家庭、政府和宗教一代代傳承下來的。我們將一起探討這些問題：我們離開肉體後會去哪裡？我們到了那裡會見到誰？我們要如何跟這些在別的界域的靈魂有最好的溝通？

正如書名所意味的：**我們從他們的知識可以獲得哪些智慧**，好幫助我們在這世與來生實現更偉大的目標、平靜、理解和平衡？

本書的目的也是要作為讓大家能直接向心靈／聖靈探索、發現、對話和學習的實用指南。這本書誠懇地邀請你們來參與更偉大的自我發現，認識並使用你們內在的力量，以便更完整地與你的摯愛親友，與那些來自靈界、可以跟我們分享智慧的靈魂，還有在你內心深處經歷無數人生而進展為此刻的你的**靈魂連結**。

不論你現在是在靈性探索的哪個階段都沒有關係，我寫這本書的目的是要幫助每一個人。我希望它是讓你展開你自身不可思議旅程的工具。當你以開放的心胸來讀我的故事，這本書甚至能帶給你勇氣去發現並開始使用你本身的天賦。

相信我，你會拿到這本書一定有神聖的理由。靈魂世界顯然有訊息要給你，所以，準備好了嗎？我們開始吧！

——金・羅素

第一部

靈界最想教你的事

第一章　我是不是在哪裡見過你？

前世回溯證明肉體死亡後，愛的連繫仍然存在

「撐住，安東尼！撐住。」我說，努力讓我們倆都冷靜下來。我先生在很深沉的催眠狀態，但他發出咕嚕咕嚕的聲音，又很急切地拼命吸氣。不，他不是在做惡夢，他是重回到前世被淹死的那刻。他剛才正告訴我發生的事，突然間，翻騰的海水又把他拉到水面下。那一刻我很擔心安東尼真的會有危險——我擔心要是我的回應不夠快，歷史可能就會重演。**我怎麼會自以爲已經有能力執行前世回溯了呢？**

沒錯，你們若看過電視節目《重返靈異現場》（*The Haunting of ...*）就知道我是個靈媒，但在我開始為人通靈前，我操作的是全然不同的療法；我用催眠幫助人們探討並揭露前世記憶。我親愛的丈夫是我的實驗對象。他不僅充滿耐心又十分配合，而且還是個夢遊者——這是做催眠的最佳人選，因為他能進入深層的睡眠狀態。在這個狀態，他能

取得資料並回答問題而不受意識心的影響。全世界只有百分之二十的人天生有進入這種狀態的能力。我實在很幸運！

第一次催眠安東尼的那晚，當他掙扎著要浮出水面時，我快速地翻閱進行這個小實驗的參考書籍，我一定是忽略了什麼重要的細節。「現在該怎麼辦？」我心想。幸好很快找到了答案。根據書上的指示，我拋給安東尼救生索，但我在當下暗自提醒自己：「下次要他往下看，觀察他的過去世就好，不是重新經歷。當然，前提是他肯再給我下一次機會。」

還好，接下來的這些年，他仍願意讓我為他做後續的回溯催眠，而且我從這些回溯中發現，他有過許許多多的前世，並不只一世曾在海上生活。他過去有一世曾是船長，但在我重述這個故事並解釋它跟我對通靈的了解，以及與現在從事靈媒工作的關聯之前，我必須先告訴你們，我過去和現在都一直是個懷疑論者。我是很理性的人，從來不相信我看不見、感覺不到或摸不到的事物。我不只想知道事情是否可能，我也總是想知道為什麼，還有如何運作。雖然我讀過很多這方面主題的書，但我對靈魂世界的知識大多是來自本身的實作經驗，而這正好需要有健康的懷疑態度和強烈的好奇心才行。我探索時總是把事情分解到最簡單的元素，而且我會問問題，問很多的問題。

有一晚，我催眠安東尼回到前世，他的回答令我震驚。我從來不會指示他去哪裡——到什麼時期或時代——因為當你引導心智時，它的回應就不是最原本最真的了。一開始時，安東尼跟平常一樣，呼吸變得很有節奏，我通常就是這樣知道他已進入出神狀態，抵達了他要去的地方。任何執行過催眠的人都會認出這種呼吸節奏。

我也看到他的眼睛在眼皮下轉動，這表示他正在取得周遭環境的資料。我第一個問題當然是問：「你在哪裡？」

「我在海上。」他告訴我。

「你在做什麼？」

「我們在船上。」

我注意到他每次在回答問題前都呼吸了五次，於是我發問時也配合他的節奏。「誰在駕駛這艘船？」

「是我，我是船長。」

「你一個人在船上嗎？」

「不，我跟我弟弟一起。」

這時我看到他越來越不舒服，眉頭緊皺，眼睛半瞇，好像很痛苦的樣子。「怎麼了？」

我問。

他的回答微弱但仍聽得到。「我弟弟病得很重，沒有食物。我們沒有食物，他在發高燒。」

「他為什麼發高燒？」

安東尼只是不斷地說：「沒有食物，沒有食物。」

然後我問：「你弟弟叫什麼名字？」

「威廉。我都暱稱他比利。」

這時我指示他望進比利的眼睛。「誰是比利？比利有出現在你這輩子嗎？」

他臉上出現十分驚訝的表情。「是約瑟夫。」他說。

約瑟夫是我們的次子。

當我從驚訝中恢復鎮靜，我問：「你現在在做什麼？」

「我在釣魚，我得想辦法捕到魚才行。我們必須吃東西，附近都看不到魚。我必須照顧我弟弟。」

我好奇地問：「誰比較年長？他還是你？」

「我。我是長子。」

在現今這世，約瑟夫和我先生的互動從來不像父子，他們之間有很棒的情誼，兩人非常親近。然而每次他們吵架，我就必須跟安東尼說：「你是他爸爸，不是他哥哥，你為什麼跟他爭論的方式好像你們是兄弟呢？」我也會對約瑟夫說同樣的話：「他不是你兄弟，不是尼可拉斯或小安東尼，他是你父親，你不能那樣跟你父親說話。」在此之前，沒有任何原因顯示他們之間的互動為何如此，但經過那晚，一切就說得通了。

安東尼說比利在船邊嘔吐。他繼續說：「他發燒得很厲害。」就在他告訴我的同時，我聽到約瑟夫從主臥室門外的走廊上叫我。

「媽咪，我不舒服。」說完當場就吐在門檻上。我馬上跳下床，把安東尼留在前世。我拿起毛巾，衝向兒子。約瑟夫全身發燙，體溫華氏一〇一度。我幫他清乾淨後，給他吃了阿斯匹靈，然後送他回他的房間。我到現在還是不明白那晚究竟是怎麼回事。約瑟夫也一起回到安東尼重新經歷的那個前世嗎？難道他跟安東尼的聯繫那麼強，很自然地就被吸引過去？還是說這是我們住在平行宇宙，所有的人生——過去、現在和未來都在同時發生的證據？我不知道，但我知道的是——我們今生跟許多人有很深的連結，遠比我們所知的還要深刻，而且這個連結顯然超越了時空。

附帶一提，隔天早上約瑟夫完全沒有發高燒或生病的跡象。他吃了一頓豐盛的早餐——一點事都沒有。沒有病毒，沒有不舒服。

我為什麼要在這本書的第一章就告訴你們這些？

嗯，有幾個理由。

首先，我認為這會在一開始讓你們對我的生活有些概念。你們認識的人當中，有幾個人會因為要滿足對神秘的生死課題的強烈好奇心而催眠自己的丈夫？這個好奇始於我九歲遇到鬼魂開始，直到現在，仍持續有許多靈體出現在我所處的空間。

這也說明了我個人和本書的箴言「讓他們引導你」這句話是從哪裡來的了。正如我之前曾公開說過很多次，我從沒要求這樣的人生，我深信是這個人生選擇我（而我同意了）。是的，我問過的許多問題都使我越來越深入另一個世界的探索，但又有誰在同樣情況下不會這麼做呢？重點是我一直知道我們都來自另一個地方，而我們現在所看到的並非全貌。我的一群指導靈很清楚我是如何思考，又是如何處理事情。有件事他們非常肯定，那就是為了讓我能開始我的使命，他們必須給我絕大多數人看不到的無形世界存在的確鑿證據，因為我將來必須為這個無形世界翻譯。如果沒有他們不可置信的豐富資源和指引，我不會像今天這樣了解生命——我剛剛已跟你們分享了一小部分——因此，請以一個開放的心，跟我一起回到我的故事起點，讓這些事件和我從中得到的收穫，幫助你們有更多的領悟。記得，當學生準備好時，老師自然會出現。我向你們保證，這會是段瘋狂又有趣的旅程。

第二章　八十六街的惡夢

學習克服恐懼

我早期童年的生活，白天非常快樂悠閒。我關係緊密的義大利家族喜歡享受美食和笑聲，最重要的是，享受彼此的陪伴。我父親出生微寒，他是來自義大利那不勒斯市（Naples）的移民，曾經歷馬鈴薯歉收的饑荒。因此他勤奮工作，對擁有的一切充滿感恩。他和他妹妹，我們的派蒂姑姑來到美國，派蒂和我母親成為很要好的朋友。我母親是出生美國的義大利裔，她協助派蒂適應這裡的生活。她教派蒂英文，派蒂則幫我母親加強義大利文。

我父母透過派蒂認識了彼此，然後相愛，結婚。他們一直想要個大家庭，有了約翰、蘇、尼爾和我四個小孩讓他們非常開心。隨著我們漸漸長大，我們的家（祖父在紐約奧松園（Ozone Park）房子後面的小木屋）已不敷使用，而附近正好有土地出售，那塊地足夠建兩棟相鄰的三層樓房。

新房子建好後，我們搬進其中一間，派蒂和她家人搬到另一間。有這麼多親愛的家人住在一起，日子一點都不無聊。我除了跟自己的哥哥和姊姊，也經常和堂親瑪麗、卡蜜拉和安東尼一起玩耍。我們一年到頭每天都玩得很開心。我們夏天在後院的水池游泳，在院子裡用餐，享受母親和姑姑一起做的美食。冬天在自製的冰場上溜冰，喝超大杯的熱巧克力，直到全身暖和起來，腳趾恢復知覺。而我如果想遠離這些活動，那麼我的臥室就是完美的聖殿。我的房間在屋子的後半區，房間很大，跟蘇共用也很足夠。我會到房間看書，或是跟我的朋友耶穌和聖母瑪利亞長談。

雖然奧松園有公立學校，父母把我們送到住家附近的天主教學校念書。我是在那裡第一次知道上帝有多愛我……只要我遵守一長串該做與不該做的事就可以了。我經常在想：「要是我越了那條線怎麼辦？上帝還會愛我嗎？」這些急切渴望得到解答的問題，似乎為我後來必須克服的許多掙扎定了調。但在那段期間，我很喜歡學習有關耶穌和他母親瑪利亞的事，而且立刻和他們慈愛的能量連結上。我一直對他們著迷，雖然知道他們是真實的，但他們神奇的力量使得他們像是偉大小說裡的虛構人物。我感覺跟他們有很特別的親近感，或者，我應該說，我感覺他們就在身邊。我喜歡跟他們在房裡共度的時光。我向來能在陽光仍在時，在房間裡找到平靜。

然而，那個房間的夜晚卻截然不同。可以說，就跟我成年後靈體透過安東尼跟我暢談的那些夜晚一樣，充滿了生氣。但這種情形對小孩卻是另一回事；我當時怕死了。

由於外頭街燈的緣故，即使在晚上，房間其實還蠻亮的。我從窗戶可以看到對面不遠處教堂的模糊輪廓。在星期天的早晨，我還會因為聽見教堂的鐘聲而醒來。但即使有這些慰藉，我從不曾在太陽下山後有足夠的安全感。

早在我第一次看到鬼魂之前，我便堅持姊姊的床要跟我的床緊靠在一起，這樣我們就能並肩睡在特大號的雙人床上。我也要求要睡在靠門的地方，不過當時我不知道原因，直到那晚他們第一次出現我才明白。總共有五個靈魂，男的穿黑西裝，女的穿灰褐色洋裝。我當時不知道「移民服裝」這個詞，如果知道的話，我就會這麼形容他們的衣著。他們的表情很嚴肅，從不曾微笑或點頭，或嘗試跟我說話。然而他們每晚持續出現，讓我知道他們想引起我的注意。其中一個女子雙掌朝上的手勢看起來像是捧著一個盤子或盒子，不過我看不到她手上的東西。是在給禮物嗎？還是她想跟我要什麼東西？我從來都不知道。多數小孩會尋找大人給的任何徵兆，好知道在他們身邊是否安全——一些小暗示、一個表情，或是允許小孩跟他們互動的肢體語言。但他們始終沒給這些訊號，因此我一直是不安又害怕。

雖然蘇的年紀沒比我大多少，但她是最棒的姊姊。她非常有愛心，總是很照顧我。小時候我們的床很大，但我最後都會窩到她身邊。至今我仍會對當年常害她很晚都無法睡覺感到抱歉，現在說到這事我們還會哈哈大笑，但在那個時候，真的一點都不好笑。我那時為了確保她不會睡著，只有我獨自應付那些鬼魂，我會告訴她我在學校發生的事，我學到的知識，還會大聲拼出所學的單字。有天晚上我試著延緩那不可避免的事發生，還挑了一個我能想到的最長單字，然後唸給她聽。E-L-E-P-H-A-N-T。唸完後，那些靈魂出現在床腳，就跟白天一樣清楚。我實在受不了了，雖然蘇快要睡覺了，但我搖晃她。

「蘇，蘇，蘇。」我叫道。

「幹嘛？什麼事？」她稍微醒過來了。

「妳看那兒！床腳。燈光那裡。妳看，妳看！」

儘管我是大叫，那些鬼魂卻一動也不動。

「妳有看到他們嗎？有看到那些人嗎？」我問。

「我什麼都沒看到。」

「他們就在那兒，在那裡。妳沒看到嗎？」

這時候我把蘇的手臂抓得好緊，緊到她的血液一定都無法流通了。

「金，我什麼都沒看到。」

剛開始我以為我姊姊在跟我開玩笑，她一定有看到他們。但不管她有沒有看到，我是那種對自己知道的事毫不懷疑的人，而且，秘密也已經洩漏，蘇終於知道了晚上有鬼的事，她知道後，我就有知音了。

這段期間，我會跟她說：「蘇，那些人現在更常來了。」「他們讓我整晚都沒辦法睡。」「他們跟著我去學校。」「我可以感覺他們的氣息吹到我的脖子上。」她大半時候的建議是，「你就閉上眼睛，叫他們走開就好了。」我也會照她說的跟天父禱告。當時我們床邊掛著教宗賜福過的木製玫瑰念珠，所以我也會唸聖母經，但我還是感覺得到那些鬼魂。閉上眼睛也許讓我看不到他們，但仍避免不了他們對我的凝視。那些目光簡直能在我身上燒出洞來。

雖然我姊姊沒看到那些鬼魂，她從不會讓我覺得自己像個瘋子。事實上，有天晚上我們去長島探視堂親回來後，我看到通往房門口的走廊有道光，但那顯然不是來自街燈。我懇求父親先進去檢查床底下和衣櫃。蘇告訴父親，她也認為有人在房間。我能感覺得到她語氣裡的認真，因此我知道她不是為了安撫我才那麼說。我看著蘇說：「可是妳跟我說過，妳看不見他們。」我到今天都還很感激她那天的回答。「我是看不見，可是我知道他們在那兒。妳已經很害怕了，我只是不想讓妳更害怕。」

那晚他們沒有出現，而我睡覺時因為有人相信我，也讓我平靜並且安心。許多年後，我們搬到長島，堂哥向我父母租我以前住的房間。他年幼的女兒也說在那個房間看到同樣的鬼魂。我真希望他們有早點告訴我這件事，我可能可以免去他們許多無眠的夜。

鬼魂跟小孩是怎麼回事？

我在小時候就知道原因，當然，長大後探索這個現象，我也發現鬼魂經常出現在小孩面前的重要原因之一，是孩子們天生就有開放的心靈。我的意思是，對小孩來說，這個世界很新鮮，他們的好奇心引導他們使用所有感官來體驗這個世界。除了由我們所稱的自我心智（ego mind）掌控的五種感官（聽覺、視覺、觸覺、嗅覺和味覺）之外，他們也會活躍地使用由心所掌控的第六感（集體情緒、感受和直覺）。我們文化的影響導致大家較為發展和使用自我心智／感官，因此後來會使用第六感來體驗世界的人就少了很多。

然而，有些小孩從不曾跟他們的心失去接觸，他們被稱為共感者（empaths）——這是從共感/同理心（empathy）這個字而來——因為當一個人是從心感受到情緒，而不只是從頭腦，很容易就會產生我們所知的同理心，這是慈悲的一種形式。

比如說，我小時候是個共感者，這表示我不只感受到自己的情緒，還能感受到近距離的人們的情緒，我也能（至今仍然可以）感覺到我關愛的遠方親友發生了什麼事，像是我姑姑、阿姨、叔叔、舅舅等，現在還加上我母親和小兒子。共感者甚至能超越時空，連接上另一個次元的能量。有趣的是，我認為我第一次看到鬼魂就是這個情形。

當我十八、九歲時，母親給我看她保存的一本舊相簿，上面有許多親戚的照片，我驚訝地發現我竟然能認出其中幾位。有的看起來就跟我童年時每天看到的鬼魂一模一樣。一點都沒錯。我太常看見他們，都能畫出他們的臉部細節了。有個男的，非常瘦，臉頰凹陷，很難不記得。他看起來像是很需要飽餐一頓的樣子。除了熟悉的臉孔之外，還有他們身上穿的衣服。那是大蕭條時期的服飾，很多移民抵達這個國家就是穿那種衣服。雖然這些親戚當年留在義大利，沒有移民過來，但他們可能對我們家有依戀，因為我父親投入很多心力在蓋這棟房子。父親的手非常靈巧，他曾是油漆工，但建造和修理都難不倒他。他在家鄉闖出了名氣，離開義大利來到這個充滿機會的土地，又為我們打造了很棒的生活。

為了幫助你們了解為什麼連結這些靈魂是可能的，讓我先為你們上一堂關於能量的速成課。

共感者所感觸到的能量是真實的。我們每個人都從萬物的源頭汲取能量。事實上，不論我們是不是共感者，每個人的體內都有七個主要的能量中心將能量傳佈到全身。這些能量中心稱為**脈輪**。它們位於頭頂到脊椎底部之間。由於能量一直持續在流動，它會發出振動，也就是頻率。因此每個人和每樣東西都被一層稱為氣場（Aura）的能量場包圍。共感者覺察到的就是這個氣場，或更確切地說，是氣場具有的振動頻率。鬼魂，也就是被困在人間的靈魂（我喜歡這麼稱他們），因為是由不再包裹在肉體裡的能量形成，高度敏感的小孩能感覺並直覺到他們的存在。即使在我小時候能看到房間的鬼魂之前，我就已感覺到他們的存在，因為我感應／接收到他們的振動。而後來我的心靈感官也讓我看到了他們。

順便一提，所有事物，包括靈魂，都是由能量形成，因此我們這些研究靈魂的人，才會這麼肯定靈魂的生命不只一世。我們從水的例子就知道能量可以轉變為不同形式。

水剛開始的時候是液體，結凍後成為固體，加熱後又變成氣體，這證明了能量能夠循環再生而不被消滅。靈魂也是一樣。

是什麼原因讓這麼多人無法覺察到這些能量？

我以前常問自己這個問題：他們明明就在眼前，為什麼除了我，沒有人能看到。我花了很長的時間領悟到，這跟社會立下的許多制度上的障礙有關。

從我們來到這個世界開始，父母的影響力就使得我們透過他們的眼光來看待一切。我們被制約去相信他們所相信的事；他們的價值觀成為我們的價值觀。

我們上學後又被迫接受課堂所教導的東西。對大多數小孩而言，從他們上幼稚園那天開始，他們的五感和神祕第六感之間的平衡就改變了。也就是由那時起，自我心智佔了上風，開始主導。當你進入一間都是陌生人的教室，你會注意什麼？大部分小孩都會先打量彼此的服裝，然後看別人帶的午餐。他們很快就會知道誰最討老師喜歡，誰最受其他同學的歡迎。就是這種比較，開始讓他們在情緒上跟他人分離。當我們第一次感覺「孤獨」或「自己不夠好」的時候，也就是我們與他人能量的連結沒有比跟自己的感受連結來得強的時候。

隨著成長，又有成績、等級、進修、高職高中、大專和大學等事情。在這段過程中強調的是背誦，以及基於事實，能被統一檢測的知識，這樣我們才能畢業並被貼上符合工作資格的標籤。然而，這些只是讓我們更加遠離從小就天生有的共感能力。

資訊不斷被填塞進我們腦裡，我們對其他感知能力的發展也被最小化。我真的很希望有一天能看到心靈能力像健康教育、科學和歷史科目一樣，成為我們教育課程的一部分。研究已經顯示，共感是重要的人生技能，它比高智商更能決定我們的成功與否。我喜歡認為自己是聰明的，但在我進行通靈解讀的時候，我仍然可以連結別人情緒的能力，才是我之所以是今天的我的原因——而且這遠比我憑藉自己單打獨鬥要快得多。但直到我們的情緒商數能被看作跟我們在學校或工作場合的智力商數同樣重要之前，我們不太可能完全了解我們周遭的能量——這些能量包括我們的各種指導靈、天使和那些已經回到光的摯愛親友，還有那些仍滯留人間的靈魂。這些能量也包括我們每天接觸到的人們的正面和負面思想、感受與情緒。

宗教機構也欺騙我們。最大的諷刺在於宗教的設計原是要連結我們和所有能量的源頭，它卻經常透過恐懼的藩籬將我們跟許多重要能量隔離。小時候我在宗教課堂上聽到靈魂永恆不死的好消息，但不知為何，在我們離開人世後，靈魂世界對活人來說就是禁區。宗教灌輸了我們這個想法：死者的門上掛著禁止打擾的告示。但對我來說，情況正好相反。當這些靈魂有一套不同的規矩並跑來敲門時，要一個小女孩怎麼辦才好？每次想到聖經裡有那麼多經文在警告我們，不要以任何方式跟已逝者談話，我就很不安。以前光是提到這些經文就會讓我害怕上帝，因為不論我喜不喜歡，這些靈體一天到晚在我身邊，並且迫切地想跟我溝通。我在想天主教教會是不是說對了？會不會有些靈體真的是想掠奪我們良善的邪惡力量？他們真的是來勾引我犯罪的惡魔嗎？如果是這樣的話，我要怎麼分辨哪些靈魂是好，哪些是壞呢？

而讓我之所以能繼續保持理智和虔誠信仰，是因為我發現別的經文提到了這種互動的重要。你們將在第四章讀到這部份。

毫無疑問，電影工業也是傳播恐懼的罪魁禍首。恐怖電影和電視影集不是只在萬聖節才有，它們似乎沒完沒了，而所衍生的副產品和各種改編的故事更是多得讓人數不清，這些故事有很多將鬼魂描述為令人作惡夢的食屍鬼。沒錯，在我童年時站在床腳整夜的受困靈魂的確很恐怖，但不是因為他們想要吃我的靈魂，壓碎我的頭骨，或是逼我承認去年夏天做過的壞事來羞辱我。他們恐怖是因為我還沒發展出真正跟他們溝通的方法。我不了解他們的困境，所以無法知道他們要我做什麼，或是我該做什麼才能幫上他們。

我知道你們得知好萊塢不斷在散播恐懼並不會覺得震驚，但你們有沒有想過，大多數的父母也在這件事上扮演微妙的角色？父母讓孩子們看完了那些電影，送孩子上床時說的那句錯誤又不怎麼令人安心的話：「別擔心，孩子們，鬼不是真的。」孩子從很小的時候，就不斷向父母尋求指引和認可。任何關係在剛開始建立時，雙方有一致共識便會形成緊密的連繫。因此你無法想像有共感能力的小孩當體驗到被告知不存在事物的能量時的感受——尤其欺騙他們的又是他們愛的人。沒錯，他們感到的心痛和令人癱瘓的恐懼使得他們孤立並與別人隔離開來。

社會製造出的許多迷思導致了焦慮，我們很快就相信有些通往理解的門最好還是關上，不要打開的好。然而我一直是深信，點上一盞燈能讓黑暗的房間沒那麼可怕。

簡單來說，我們是過往所學的產物——我們是家庭和其他社會影響長期以來的想法、恐懼、觀點和作法，進入了我們意識的結果。但就跟電腦一樣，你也能重新設定你的思想程式，你可以捨棄對你沒用的東西——而且永遠不會太遲。

為了幫助你確定你小時候是不是共感者，現在是否仍是，或者你的小孩是不是，我在本章最後面附了一個快速測試。回答問題時，請記得，在社會制約我們之前，每個人都有看見並與能量互動的能力。這跟唱歌很像，每個人都會唱歌。雖然很少人有像芭芭拉史翠珊一樣動人的聲音，但絕大多數至少都能哼上幾句。小時候我們不論在哪兒都能毫不猶豫且自豪的大聲歌唱，長大後我們會克制自己，大多只在洗澡時才唱。但想像一下，要是我們所有人都能將與生俱來的能力發展到最佳狀態會是如何？

對於那些發現自己的小孩已在這條路上的讀者，請謹記在心，當孩子們把他們的經驗跟你或別人分享時，有人相信他們非常重要。請以開放的心幫助他們，仔細與他們探討發生的事。結束恐懼的循環必須從你開始。有句話是這麼說的，恐懼（FEAR）是看似真實的虛妄想法／預期（False Expectation Appearing Real），而自我（EGO）代表的是將上帝排擠在外（Edging God Out）。正確看待並理解恐懼與自我心智，是發展共感和喚醒沉睡在每個人內心第六感的第一步。

協助培養共感的冥想法

如果你有個很有同理心的共感小孩，我發現這樣跟他們解釋很有用：能量是非常真實的，雖然我們看不見，但它確實存在。把你剛學到的人體氣場的事教給他們，這樣他們就能開始知道要如何解讀和了解振動。讓他們知道，不論是正面或負面的思想也都是能量的形式，而且會顯化為現實生活，也就是實相，所以他們應該只想望正面的事。鼓勵他們每天花點時間反思並感恩他們的正面振動帶來的好事。

如果你的孩子對周遭的能量感到不自在卻不知道原因，那就教他們想像在自身氣場周圍建立一層能量屏障，這能夠保護他們不受外界任何負面的影響。

我最喜歡的方法叫做**氣泡冥想法**。要他們閉上眼睛，觀想來自上帝的一圈白光氣泡，從天而降，從頭到腳裹住了全身，將他們包覆在蛋形的防護光球裡，完全沒有裂痕或任何破洞。如果你的孩子還太小而無法自己做這個練習，幫他們做。我建議每天做三次，這個白色的保護光圈會很快生根。越常做，它的效果就越好。

你也可以讓孩子想像他們最喜歡的超能英雄在戰鬥時使用的工具或超能力。建議他們想像使用同樣的盾牌和超能力使負面力量遠離。我也用這個技巧教自己的小孩，他們小時候很迷《金剛戰士》和類似人物。

如果你小時候有共感能力，並相信自己現在的心依然開放，你可以用我教導學生提升振頻的簡易冥想法。這個方法叫電梯冥想法。想像你在一台沒有門的電梯裡。走進電梯時，你注意到有很多樓層的按鈕，按下你想去的樓層，想像你一層層地上升到你要去的那一層。到了之後，停留在那兒，體會振動頻率被提升的感覺（一次體驗一個樓層）。在體驗的過程中，你可能會開始覺得有別人加入，或許是已逝的親人或寵物，也或者是你的指導靈。這時最好不要有任何預期，就讓這個體驗自然展開。當個觀察者，不要去思考。

有人跟我一樣嗎？

在年少時心靈能力就發展良好的孩子，通常不會是家中唯一擁有這些能力的人。跟親戚談談、互相交換意見可能可以撫慰他們，所以在家庭聚會時，不要因害羞而不敢提到這個話題。你可能會對結果感到訝異。我就有些親戚也對靈魂世界很敏感；他們很多是我父親那邊的親戚。如我先前提到的，我父親和他的姐妹來到美國前，是在義大利的貧窮家庭長大。家中所有小孩都共用一間臥室，他們全睡在地上，把自己塞進由棉被、床單和任何找得到的保暖材料所做的睡袋裡。每晚他們都會看到他們的姊妹艾琳像是被催眠似的起身四處走動。她會朝天空舉起雙臂說：「Vien, angela, vien angela.」這句義大利話的意思是：「到我這裡來，天使，來我這裡。」艾琳在這個出神狀態下會用雙手做出圓形手勢，像是在招呼這些天使的到來。父親說他和他的姊妹本能地知道當這個情況發生，絕對不要叫醒或打斷她。我記得我第一次見到艾琳姑姑時，便被她眼睛散發的力量和顏色吸引。她的眼珠是深綠色，不是暗綠，是像熟葡萄那種綠，非常美麗迷人，而且看起來很像我那張耶穌畫像的眼睛。艾琳阿姨長大後有驚人的療癒能力。我親眼見證過這些力量，我將在後面的章節詳細說明。

我堂姊卡蜜拉也有強大的直覺力，雖然她不是從事這類工作，但確實可以以此為業。然而敏感度最不尋常的，要算我堂姊瑪麗了。星期天上教堂時，瑪麗總是會昏倒，這是每周都會發生的事，大家已經見怪不怪了。神父解釋，這是因為聖靈的臨在太強，瑪麗難以承受。他表示，天主教堂舉行特殊療癒或蒙受神恩的彌撒時，這樣的情形不算少見。顯然有很多人在這種場合因無法負荷周圍能量而昏厥。通常神父會幫他們蓋上一條布巾，等待他們自行甦醒。神父稱這些昏倒的人是「被聖靈擊倒」（或稱神擊）。瑪麗則告訴我們，她在昏倒前總是看到聖母。當瑪麗強烈的體驗退去後，她就會自行起身，坐回到長板凳，毫髮無傷地聆聽接下來的講道。

你們可能會覺得這些事聽起來很怪異，這就是我為什麼要告訴你們的原因。因為對我們來說，一點都不奇怪。我父母對我或其他家人的敏感並不會大驚小怪。我周遭的人都很瞭解能量。這顯然不妨礙我們一起開心玩樂，製造美好回憶。記憶中的我們在其他方面都跟一般小孩一樣。也許你們大部分的親戚只記得小時候聽到的閣樓嘎吱聲，或看到屋內忽明忽暗的燈光，但我保證，如果你們對能量較為敏感，你們家人之中也有人跟你一樣。除了你之外，也有某人曾莫名感到令人起雞皮疙瘩的寒意。

許多明星也有心靈能力

只要看看《重返靈異現場》節目裡有多少來賓透露他們兒時的怪事，就能證明許多人小時候就跟外在的能量連結。演員多特・瓊斯（Dot Jones）和李察・柏吉（Richard Burgi）從小就有心靈能力，派翠克・穆爾多（Patrick Muldoon）和克里斯多夫・麥當諾

（Christopher McDonald）也是。還好這些來賓的這些心靈能力從未完全昇華，仍在表層等候他們憶起。之前多特曾在節目坦承她從很小就能感覺到周遭能量。即使現在她一個人在家，她也有不是獨自一人的感覺。她後來為我解讀，說得八九不離十，確實很不可思議。多特和我自錄製那集節目之後就一直保持聯繫，所以我知道她正努力將從小就有的能力應用在目前的生活。我也知道她會告訴你們，能重新喚醒與能量的連結是很棒的事。

我因為很確定李察有這些能力，因此在拍攝他那集節目時，在李察抵達前，我事先在預定會面的屋子外藏了一樣東西。我相信他能夠「看到」那個東西。李察小時候有幾次接觸靈魂的經驗，他跟我描述了經歷的細節。我告訴他，靈魂只出現在他們知道能看見他們的人面前；我跟有類似經驗的人都是這麼說的。有趣的是，李察的姊姊蘇西和已過世的父親也接觸過這些能量，這更加證明了這些能力是家族遺傳的說法。那天李察父親的靈魂也出現了，他帶引我們好一段時間，他提到這些能力已在他的家族好幾個世代。我毫不懷疑如果李察跟姊姊蘇西與他們家族最年輕的一代談論此事，他們會發現更多跟他們一樣的共感者。

與人分享這些傳承的心靈天賦，不是比把它當做祕密隱藏來得有意義嗎？這樣可以減輕許多恐懼，也反駁許多謬論……而且在過程中還能揭露出我們內在的許多潛力！

你的孩子的心靈能力有多強？你小時候呢？

如果你認為你的小孩是同理心強的共感者，問問自己下列問題可以幫助你確定答案。如果你相信自己小時候是共感者，回答括號內的問題能夠幫你確定現在仍有的心靈潛力。

一、你的小孩（或你以前）經常會避免人多的地方嗎？共感者對周遭的能量很敏感，他們通常無法忍受大量活動、噪音或騷動。過於擁擠的教室、走廊、操場、遊樂場、餐廳、店面或街道，都會讓他們有強烈的羞怯感，要回到令他／她感到自在的家裡才會恢復正常。

二、你的小孩（或你以前）在家中都很平靜，但到了擁擠吵雜的地方，就會表現出身體或心理的不適？雖然這跟先前描述的同樣場合是不同的反應，這也是有些共感者在體驗到過多能量時會有的反應。

三、**你的小孩（或你以前）會抗拒準時上床睡覺嗎？他常常在半夜醒來嗎？他會不會經常爬到你床上跟你一起睡？**這可能是他想找個安全地方的徵兆。

四、**你的孩子（或你以前）是不是免疫力低？容易受到感染，尤其是耳朵？**雖然不是每個共感者都會有這個經驗，但這通常是他們想遠離社會一段時間，重整和過濾掉任何討厭情緒的方式，尤其是令他覺得不舒服的情緒。他們這麼做不是有意識的，是在潛意識層面。

五、**你的小孩（或你以前）很容易被需要幫助的人吸引？他很喜愛大自然或動物嗎？**共感者經常被宇宙「一體」或「完整」所吸引。大多數的共感者都喜歡去戶外，即使最寒冷的冬天也是一樣！他們大都對拯救流浪貓狗很熱心。即使是養條魚也能帶給有共感能力的小孩很大的安慰。如果你的小孩是共感者，當時候到時，要準備給魚先生辦場隆重的葬禮。幫助你的敏感孩子充份表達並宣洩哀傷，這對他的心靈保持開放非常重要。

六、**你的小孩（或你以前）在兄弟姊妹、同學或朋友當中是調解人嗎？**共感者的性格很有愛心和慈悲，長大後經常為別人服務，將個人需求擺在次位。

七、你的小孩（或你以前）情緒起伏很大嗎？使他自己或周遭的人都戰戰兢兢？

當感受到的情緒過於強烈或混亂時，共感小孩可能會有劇烈的情緒起伏。尤其當他們跟別人透露他們的感應力卻不被理解或支持時，他們會學著去壓制這些能力，或更糟的，開始隱藏情緒，這包括自己的，還有從別人身上接收到的情緒。不幸的是，這有時會導致身體和／或情緒方面的疾病。有這種情緒起伏的小孩一定要練習我先前提到的氣泡冥想法。再重複一次，如果他們年紀太小沒辦法做，你要為他們做，直到他們能自己冥想為止。

嗯……我為什麼會懷疑你們大部分人和你們的小孩有某些共感和心靈能力的傾向呢？即使這些問題中只有一個答案是肯定的，也表示你們有潛在的共感和心靈力可以開發。

第三章　遇見鬼魂不是偶然

在你成為專家之前，避免常去的鬧鬼地方

在我上三年級時，我父母在紐約長島的科馬克（Commack）買了佔地兩畝，一棟美麗的殖民式風格的大房子。它對我來說簡直就像皇宮一樣。臥室非常寬敞，室內有長毛絨地毯，前院有草坪。奶奶也搬來跟我們一起住，可惜住在隔壁多年的堂親卡蜜拉和瑪麗仍留在奧松園。

長島跟我們在皇后區的舊家很不一樣，這裡感覺像在鄉下，不是隨時走到街上就能跟剛好在外面的孩子玩耍。你必須跟玩伴約時間才行。蘇現在比較大了，經常出去忙自己的事，所以我剛開始很寂寞。但不要搞錯了：我從來不是真的獨自一人。

我經常待在父母為姊姊和我設計的漂亮房間裡，這個房間比我們以前住的大很多，我們有各自的大床。她的床離我的很遠，感覺像是我一個人住一樣。除了小時候的嬰兒

床，這還是我第一次自己一個人睡。

我父親把牆壁漆成泡泡糖的粉紅色，父母兩人都費了很大心思裝飾這個房間，感覺像是給公主住的。我相信他們認為把房間裝飾得漂亮可以幫助我們睡得好。這個房間真的很理想——我們甚至還有玩玩具和芭比娃娃的專用空間，可是魚與熊掌不可兼得，一切看起來或許比較豪華，但是能量並沒有比較好。那些多的空間只是代表有更多空間給不受歡迎的訪客而已。

這時候我身邊隨時都有許多鬼魂，對我來說，幾乎一天到晚都在過鬼節，不過這些靈魂跟以前在老家的不一樣。他們比較隨機出現，我直覺地知道他們不是同一群，因為這些新的總是來來去去。有時候他們不會來煩我，有時候會靠得很近，我幾乎能感覺他們在盯著我看。

我還是經常邀請耶穌和瑪利亞跟我說話，我心想：「好了，現在耶穌跟我在一起，瑪利亞也在這裡，沒有什麼能真的傷害我。」雖然那些靈魂並不曾離去，但禱告總能讓我感到平靜，也幫助我感到安全。

為了從皇后區搬到長島，我父親租了一輛大卡車搬家，再用他工作用的廂型車載著全家大小和我們打包的無數箱子。那些箱子裡有的裝了易碎品和傳家寶。但你們絕不會相信有誰也搭了便車跟到我們的新家。沒錯——就是那些奧松園的移民鬼魂！剛搬到新家的頭幾個星期，我把搬家當成很快就會結束的假期，而那些靈魂在最初的幾個禮拜經常在晚上出現。

我知道，你們一定很震驚，我也是。當然，我當時並沒想到是我把他們給吸引過來的，直到我後來對超自然世界的事有了更多瞭解後才明白。我認為是因為我每晚在睡前尋找他們已成了例行事項的緣故。至少在我適應新家的新生活之前，有他們在，感覺仍像是在舊家。

後來，有一天，門鈴響了。我當時在樓上的房間，母親跟我說有人來找我。「我？有人找我？」我心想：「怎麼可能會有人來找我？」我在這裡沒有認識的人，我甚至還沒開始上學，因為那時仍在放暑假。

結果我的訪客是個年紀跟我差不多的女生，有著迷人又溫暖的笑容。她超級親切又熱情活潑。「嗨，妳好，我是蘿絲。」她說：「歡迎搬來這個社區。」

即使她才剛自我介紹，我並不覺得她是陌生人。她眼中閃耀著某種東西，彷彿是我們過去曾經相處的記憶，而我們是在重續舊緣。我們一見如故，就這樣，我有了一個新好友。我們形影不離，就像最佳拍檔，你看到我時就會看到蘿絲，看到蘿絲也一定會看到我。我們的長相甚至變得越來越像——有照片為證。不可思議的是，在我曾搬去的每一個城鎮，宇宙總會為我安排至少一個很棒的朋友。

蘿絲的時尚感非常好，她媽媽是裁縫師，女兒所有的衣服都是她做的。不用說，我當然很佩服。以前我上天主教學校時每天都必須穿制服，但現在我可以穿喇叭牛仔褲、厚底麵包鞋、花襯衫。我變得更像「我自己」，一天比一天獨立、有自信。雖然除了我姊姊之外，我從不曾告訴任何人我天大的秘密或是耶穌和瑪利亞的事，但我知道，即使我告訴蘿絲，她也不會批判我。然而，我還是決定隱藏這個秘密——像是受到證人保護計畫，重新開始新的人生一樣。

我的新自信在接下來的幾個月會對我很有幫助。因為我的房間原來不是新家唯一晚上活動超標的地方。祖母的房間更誇張。我們稱她的房間是皇后房，有國王尺寸的大床，還有一間獨立衛浴，有全套的淋浴和浴缸。她甚至還有你這輩子看過的最大的衣物間。可是很奇怪，在超大壁櫥後面有個小門通往同一層樓的閣樓。每當祖母不在家，我們喜歡擠到她的房間一起睡，所以也會聽到她抱怨的那些噪音。那個房間的夜間活動比我的房間多上十倍。我一點都沒開玩笑，我不只聽到壁櫥裡有腳步聲，還聽到像是有人用鐵鎚敲牆壁的砰砰聲。而且經常有關門的聲音。

好奇心重跟怪胎之間其實只有一線之隔，而我幾乎越過了那條線——我不認為有任何小孩在聽到那些聲音後還會回去那個房間，但我就是想查個清楚；我天生有偵探魂。

每次一有什麼聲音，我會趕快跑去找我媽媽，可是當她一進來，聲音就停了，等她一走開，聲音又出現。我覺得這個東西有心跳和智商，它有自己的性格，但不是很友善。它很享受捉弄我的樂趣，不過我沒有因此退縮。我開始跟它說話，但一直是在腦袋裡，不曾出聲。我甚至還進到衣櫃想誘它出來。我在心裡對它說：「不管你是誰，我想看到你，快現身吧！」我是說，我真的很大膽，我知道如果它出現，我也不會那麼害怕，因為我的童年一天到晚都在見鬼。我只是想知道到底是誰在跟我們作怪。

然而這些並不是唯一的騷擾。我們的廚房還因為發生可怕的油火造成很大的損害。到現在我還很驚訝房子竟然沒被那次火災燒燬。此外，我們家還經常爭吵，氣氛緊繃得可以用刀子切開似的，以前這種情形幾乎不曾有過。我父親工作時間長加上通勤時間增加，變得很少在家。他每天都很疲倦，我母親擔心他會把自己累壞。如果這些挑戰還不夠多，還有我們大家所稱的「瘟疫」。沒有人知道這到底是怎麼發生的，但我們都感染了可怕的葡萄球菌長達一年。我們一個接一個地皮膚出現膿腫，稍微碰一下都疼痛難當。我媽媽必須持續用熱水洗衣服，把可能滲到衣服或床單的殘留細菌殺死。我們每個人都有各自的毛巾，而且衣物不能丟進同一個洗衣籃。膿瘡生長的速度快到來不及治癒。我父親手肘上有個很大的膿瘡，等膿水終於乾掉，還能看到裡面的骨頭。原諒我描述得這麼生動，但當我說像瘟疫時，確實如此。還好那段時間來家裡的訪客都沒被傳染——連最親近的朋友都沒有，雖然醫生警告很容易感染。他們沒染上真是好運，不過你不得不承認，這也有點古怪。

我還沒提到我在學校被一個惡霸每天捶打肚子一整年，心理受到的創傷有多大，還有我姊姊差點被一個鑲金牙的男子綁架的事。那個人在她放學後跟蹤她，想誘拐她上他的車。她往他胯下重踢後狂奔。雖然她以為甩掉他了，但在我們準備從那棟可怕的房子搬走的當天下午，她又看到他。他的車就停在搬家卡車的後面，在她經過時他對她眨了眼。想到他一直知道我們住的地方實在恐怖，我真的相信我姐姐的天使一定有加班在保護她；我們家所有人的天使都是。

我並不是說這樣的事從沒有發生在別的房子，但我們家每個人對這個房子都有同樣不安的想法。我母親是第一個說出來的。她說自我們搬到那棟房子後，一切都變了，發生了很多不好的事。我聽得出她的恐懼，我也打從心底同意。我並不是因為她這麼說才信，我相信是因為我覺得她說的有道理，而且也是事實。她只不過是第一個指出這點的人。

我們開始研究那間房子，發現了死在那裡的人的各種故事。有位老太太在那棟屋子裡過世，一個年輕男子在街角死於機車車禍。當然，我們也聽說很多關於隔壁房子的事。那是我見過模樣最詭異的屋子，是個富有家庭在一八〇〇年左右建造。那個家的土地有三百五十畝，這表示我們屋子的建地以前也是他們的。為了容納屋主做生意時要接待的眾多訪客，有段時間這塊土地上還曾有間家族經營的旅館。根據當時的習俗，這個家族的墓地也在這塊地上。由於有這麼多不同人和靈魂的能量殘留在旅館和墓地，我們懷疑我們遇到這些事會不會是因為隔壁那棟大宅。然而我心裡也在想，這些超自然現象是因為我的關係嗎？是我引起的嗎？無論如何，後來我們決定從那裡搬走絕對跟這些事有關。

儘管我現在常去鬧鬼的地方幫人了解鬧鬼的原因，但我搬離科馬克那個家的時候，心中的疑問比答案還多。我想知道為什麼靈魂會被困，哪些地方通常是安全的，而哪些是我該避免的。我想知道鬼可能居住的所有地方，想知道我們家是不是本來就反常，還有那裡有其他同時吸引眾多靈魂活動的溫床。在跟許多靈魂談過之後，以下是我的發現：

為什麼有些靈魂會被困在這個物質次元空間？

在身體死後，靈魂一般會朝「整體之光」，也被稱為「上帝力量之光」的方向走。靈魂沒往那個方向去的原因，從最基本到極度複雜的都有。

有的靈魂在死亡時受到很大的驚嚇，他們也許是暴力的受害者或遭遇意外而受創極深。他們的死亡出乎意料，因此死後的他們非常困惑迷失，甚至還未意識到或尚未接受自己已死的事實。在意外的死亡中，這些靈魂可能覺得死得太早，或者有很多未完成的事要做。當然，不是每個在毫無預警下突然死亡的靈魂都會被困，大多數的靈魂都會平安地進入光，死後的世界。

有的靈魂留下來在地球層面是因為他們仍眷戀在這裡的人、寵物、地方或財物，他們可能認為沒有人會像他們一樣地照顧這些親友或所有物。有的人在生前可能就是控制狂；絕大部分剛離世的靈魂都會保留完整的個性。

有的靈魂留下來不走是因為恐懼，他們不知道在另一邊等待的是什麼，死亡對他們來說是個謎。這就是為什麼公開探討死亡和死後世界的書，比如這本，這麼重要的緣故。

有些靈魂留下來是因為他們仍想被聽見，想有個舞台，有個發聲的地方。許多靈魂有未了之事，他們想處理後才離開。

還有些人的死亡是自己造成的，他們可能因為悔恨而留下。這並不是說所有自殺、意外服藥過量或喝酒過量而死的人的靈魂都會如此。如果你曾因此失去所愛的人，記住，並不是每個以同樣方式死亡的人，死後都會走同一條路。大部分自己結束生命的人都會安全到達另一邊的世界，他們的行為是因複雜的情緒痛苦和可能的心理疾病，在另一個世界這些都會被仁慈看待和理解。那些因自殺而受困的靈魂在接受了自己的責任之後，通常因為幫助其他跟他們一樣想輕生的人選擇活下來而非自我毀滅，因此得到救贖。他們因幫助內心苦惱的人而提升了振頻，因此最終也能回到光裡。

你如何知道周遭的鬼安不安全？

我認為，鬼魂有好幾種，有困惑的鬼、留戀世間的鬼、淘氣鬼和惡鬼。我對邪靈就不予置評，因為我不會去他們的圈子活動。

困惑的鬼通常是無害的，他們渴求幫助。他們會出現在他們確信能看到他們的人面前。記得我先前說過為什麼小孩比大人更容易看到鬼嗎？這些靈魂因為不知所措，在尋找指引，因此會找心靈開放的人。很多時候他們還在死亡時的心境，不論他們當時是什麼情況，對現在的他們一樣真實和重要。他們希望你能解釋他們的情形，幫他們找到路。有些因為甚至不知道自己已經死了，仍然持續在做生前向來在做的工作。在他們的次元並沒有時間和空間，所以他們會重複做同樣的事而不知道在我們的次元已過了多久或多少天。有時候你們在家裡聽到的怪聲音或電路問題就是這個原因，這些靈魂一成不變的動態可能令我們抓狂，但對他們來說，這就像電影《今天暫時停止》（*Groundhog Day*）的情形（譯注：一直重複地過同一天）。如果你們能放下自己的恐懼，就能幫助這些靈魂繼續旅程，往光前進。

留戀世間的靈魂情形比較複雜。從較正面的層面來看，有的靈魂跟你聯繫是因為你讓他們想起所愛的人，他們通常會以愛來指引和保護你。有的靈魂是因為你的問題反映了他們曾有的掙扎或困境。你有要學習的課題，而他們有要教導的東西。

從較黑暗面來看，有些靈魂可能是因為你在他們的地盤而怨恨你，他們要讓你知道他們的怨氣。你住在他們家，在他們的土地上，使用他們的東西，也許還跟他們親愛的人在一起。就像仍在世者必須學習向前邁進，那些仍緊緊執著於過去的靈魂也需要別人提醒，前方有更好的事物在等著他們。

最後，有些靈魂跟在你身邊是因為他們要汲取和消耗你的光。雖然靈魂是由能量組成，他們會選擇一個寄主的身體來幫助強化和散發他們的能量。比方說，接上宿主身體的情緒能量，能讓鬼魂表現出他的存在、渴望、憤怒和恐懼，在某些例子，還能移動物體。當鬼魂以這種方式汲取你的光／能量，會使你的光黯淡，並導致各種身體問題，像是憂鬱、無精打采、虛弱和其他症狀。對這些靈體你必須反擊，而且語氣要堅定。不要怕堅定立場。要確定他們知道，他們是在你的**地盤**，你的能量只夠你自己使用，而且你以你的自由意志在控制局勢。要強調是你在訂規則，不是他們。把話說清楚，他們需要去找自己的光，而不是汲取別人的。我在這個章節最後會再談具體的方法。

淘氣鬼通常是小孩子，他們只是想跟你玩或希望找到替代的家庭。由於他們的心理已停止發展，他們完全不知道這會讓你多害怕。他們只是想跟你玩遊戲，建立聯繫。幫助這些靈魂轉向光尤其重要，這樣他們才能跟在另一個世界等待的家人團聚。

在某些情形，還有我稱為「討厭鬼」的靈魂，他們喜歡引人注意，因為這些靈魂生前從沒得到足夠的關注。他們通常是悲傷的靈魂，我們都認識這樣的人，舉例來說，那位總在派對搞怪以吸引注意的朋友。遇到這個情形，我會建議對待他們就像對待你那個煩人的朋友一樣，帶著愛，但要堅定。讓他們知道適可而止。

惡鬼，也就是帶有惡意的鬼魂，是絕對會造成傷害的受困靈魂。有些因為很想繼續在這裡生活，因此企圖「佔據」你（透過進入你的能量場）。他們有未了的事，需要你的身體去完成。有的會以想法侵入你的腦袋。他們能感應到你的習性，即使你已經戒掉了，他們可能會慫恿或引誘你重拾惡習，以滿足他們自己曾有的放縱。他們希望讓你去做他們想做但沒辦法做的事。如果你察覺到自己的生活裡有這樣的靈體，使得你去說和做些你無意要說或做的事，那麼你必須找個純正的靈媒來淨化你的環境並送這些靈魂上路。我接下來會討論更多細節。

當然，你自己對於能量是正面還是負面會有感覺。你周圍的氣氛會改變，溫度也會轉變。當某事不對勁，你心裡會七上八下。相對下，當氛圍是正面時，你會感受到無法抑制的喜悅。不論是哪一種，你可能不知道自己為什麼會這麼感覺，但你要信任你的直覺，它就跟氣壓計一樣準確。如果你認真傾聽，它就會引導你。

我因為幾乎每種靈魂都遇過，也聽過各式各樣的故事，我向來都建議大家仔細想想為什麼那個靈魂會出現。我也會建議你們對靈魂的意圖不要太早下定論，除非是明顯充滿威脅或惡意。收集證據，弄清楚你們互動的意義，有時可以幫助你們雙方大步躍進。就如我多次發現，事實並不總是如表面所呈現。有些靈魂剛開始會讓你害怕，實際上也許是為了幫助你而來。

知道這些很好，但要如何完全避免遇到這些受困的靈魂？

有時候我們只想跟自己想交談的靈魂說話，不速之客的情形就像吃晚餐吃到一半時打來的推銷電話，但我們在吃飯時只想跟餐桌上的客人說話。如果這是你的情況，要知道，我們不見得總能避掉受困在人間的靈魂，但有些地方我們是應該要離遠些，也有些地方在我們進去前最好在精神層面上先做好保護。

在討論這些地方之前，讓我先說明，有些受困在人世的靈魂並不想跟你有任何瓜葛，除非你去打擾他們。比方說，那些眷戀在特定地方的靈魂可能只想安靜地待在原地。他們會避開每天人來人往的地方。在家裡，他們最常隱藏的地方是閣樓、地下室、空的車庫、工具屋和好幾個月或甚至幾年沒人住的房間。

現在，來談談進入時要特別謹慎的地方：

墓園和墓地：這些是靈魂活動頻繁的場所。如果某個靈魂沒有回到另一個世界的家，即使他的墓碑寫著他是在一百年前過世，他仍很有可能在附近徘徊。人們在這些地方經常會看到幽靈。有時這些已離世的靈魂知道他們的屍體被埋葬了，可是他們不了解為什麼大家沒有注意到他們。在你進入這些地方之前，先祈願這些遊魂能平靜且平安地回到光。尊重靈魂安息地的習俗，接近墓地時要保持敬意。願上帝保佑那些在墓園飲酒作樂、藐視挑釁，甚至想盜墓的人。

基本上，以我跟那些已過渡到死後世界的靈魂的接觸經驗來看，他們會流連在屍體安息地的唯一時候，是當他們看到你站在墓旁想著他們時。不論你的內心是充滿哀傷，或只是因為特殊時節或單純想念他們，如果你感覺有東西輕輕碰觸你的肩膀，或是在平靜無風的日子卻有一陣微風吹過，不必訝異。他們只是想讓你感覺他們的存在，好減輕你的傷痛。總之，大部分在墓園的靈魂只在他們知道你要來時才會出現。

戰場：記得，很多死在戰場的人是為了某個目標／思想而戰。他們可能仍處在戰鬥模式而誤把你視為敵人。如果你欣賞他們的英勇和理念，你可以在心裡讓他們知道。如果你不欣賞，那就不要去那裡，或是在那裡的時候不要批判。要知道，有些人並不想打仗卻被徵召，因此在這些歷史遺址最好是保持中立觀察者的態度。

太平間或殯儀館停屍間：就跟墓園一樣，所有靈魂都會經過這些地方。有些人生前被殘忍謀殺、強暴、槍殺或是自殺，怎樣的情況都有。徘徊不去的遊魂太多，很難分類。當你必須來到這些地方，心裡要平和並帶著愛，祈願每個靈魂都能找到回家的路。基本上，當你在某地感覺到強烈或緊繃的能量時，上述做法也有幫助。

醫院：臨終安養院和療養院之類的長期照護機構也是一樣。這些靈魂生前努力對抗疾病，有些可能要好一段時間之後才會意識到他們的身體已經放棄抗戰了。總會有一些靈魂因為如此，或因為擔心所愛的人無法接受他們的死亡而留下來。急診室是受到重大創傷的受害者在進入光之前可能短暫停留的另一個地方。他們留在那裡的原因可能是困惑，但他們對行兇者的憤怒，或堅決要看到令他們喪命的疑點水落石出才肯離去，也會是原因。

監獄：有些死在監獄的人，靈魂沒走是因為害怕到了另一邊的靈界，他們必須為他們的罪行接受審判和承受後果。有的靈魂可能仍因被錯誤指控，而要繼續尋找能為他們辯護或申冤的人。有的可能仍緊抓著當初使他們犯下罪行的怒氣或傷害，也有的靈魂可能仍處於被監禁的恐懼情緒。由於監獄住的是生命充滿不安的人，我發現這裡的靈魂也是死後最不安寧的。

精神病院：被困在這裡的靈魂生前有說不出的痛苦，用飽受折磨來形容他們非常貼切。許多人都遭到他人難以想像的、極不人道的虐待。他們可能經歷過實驗、被毒打、性侵、挨餓和徹底的忽視種種虐待，因此這些靈魂有著非常複雜難解的心結。有的因生前被虐，在心理或身體上無法反抗，死後很想揭發這些不人道的暴行，以便保護或捍衛仍在那裡的人。你們有些人可能知道，我去過賓州春城（Spring City）的潘赫斯特精神病院（Pennhurst Asylum）好幾次，有個受困的靈魂曾經跟著我。讓我至今難忘的不是這個靈魂，而是他對我披露的真相，在他那個時代，他和其他人在病院所受到的種種虐待。

有些人有必要的理由去監獄和精神病院，但如果有人認為跟朋友去那裡過夜是很酷的事，我必須說，那裡可不是嬉戲玩鬧的地方。有些很有名而現在廢棄不用的監獄會開放給好奇的人過夜，更恐怖的是，精神病院也被當成萬聖節的景點。我絕不會想去那些地方，一點都不適合玩樂，而且還會給「不給糖就搗蛋」這句話新的定義。如果你不懂得怎麼跟這些靈魂打交道，離遠點，否則靈魂可能會給你搗蛋。

要如何幫助受困的靈魂找到光？

我喜歡這部份的工作是因為它真的沒什麼神祕。要幫助一般的受困靈魂，你不一定得是靈媒，也不需要任何特殊技巧，任何人都可以幫他們上路。最簡單的做法就是告訴他們，離開這裡沒關係，他們會很安全，你會以愛送他們進入光。就像我鼓勵你們在自己的人生用愛取代恐懼一樣，你也可以鼓勵受困在人間的靈魂做同樣的事。

如果你最後發現，這個靈魂在你身邊的原因是要在某方面幫助你，切記要感謝他們的指引。肯定他們的善行能夠幫他們提升頻率。

如果在你周遭的是較黑暗的靈體——可能比較難從你的空間根除——不要怕，你的態度要堅定。要用保證和權威的語氣，就像你是在跟一個頑固的孩子說話，要他聽話一樣——你是為了孩子的安全和福祉。用十分堅定的口氣告訴他，這個地方不歡迎他，他必須離開。如果他仍然不走，你可以用某些具有強大能量、有保護功能的水晶。我發現黑曜石在這個情況很管用。你可以在經常看到這些靈體的空間四處擺上黑曜石，並在黑曜石周圍點幾根白色蠟燭，重複你要他們離開的要求，這樣連續做幾晚或幾天。記得要開一扇窗或門，讓他們離開。我個人反對在靈魂沮喪低落時踢上一腳（不論是在這個或另一個世界）。基於這個理由，我強烈建議當你送這些受困靈魂上路時，提醒他們，他們本來就是上帝的光，是源頭的一部分，不論什麼情況讓他們到這個地步，只要願意先原諒自己，他們都會得到寬恕和愛。找到回去光的路可以很快，也可以是漫長的過程。這要看每個靈魂在個別旅程所做的選擇。

現在你們有些人可能會想：「這感覺有點怪，我根本不想做任何古怪的靈性儀式。」我懂，我真的懂。不過請相信我，這麼多年來，我只使用直接和確實能幫上我的儀式。我尊重使用不同方法的同行，但我要我的方法實際可行，任何人都能做到。以下是更多有用的儀式。

保護自己不受黑暗靈體影響的幾種方式

除了使用我在第二章分享的氣泡冥想法之外，你也可以請已逝的摯愛親友、天使和指導靈（他們也是守護靈）來保護你。

大天使米迦勒一直是在上帝身邊對抗所有負面力量的大將，祂也能保護你。我相信你們一定看過這位令人敬畏的天使手拿威力強大利劍的照片。要獲得祂的幫助，有很多祈禱詞可以唸，但我比較喜歡用跟耶穌和瑪利亞說話的方式跟祂說話——像是對親近好友和知己那樣。只要把你的擔憂告訴祂，請祂將不是上帝的愛和光的能量從你身邊和道路移除，這位威力強大的天使就會遵從。

我一位早期的老師介紹我鼠尾草的力量，你可能不知道這種草用得有多普遍。尤其是白鼠尾草，好幾個世紀以來，凱爾特人、德魯伊教和美國原住民都用它來淨化空間裡的負面情緒能量。你可以在任何水晶店買到鼠尾草棒，而數片獨立葉子的鼠尾草通常是放在鮑魚殼或陶罐裡燒。點燃後，它的煙會釋放到空氣裡。拿著它到靈體常出現的空間走一圈，用羽毛（通常跟鮑魚殼一起賣）將煙霧搧往各個方向。再次提醒，以和平與愛祝福要送走的靈魂。打開一扇窗讓他們清楚知道要往哪裡離開。很多教堂因同樣原因使用乳香和沒藥，每個據說都有它本身協助提升靈性，修復靈魂並減輕痛苦的特性。

此外，如果你感覺有負面的存在體從上述提到的任一地方跟著你回家，你可以做一個很有效的沖澡冥想法。對，你沒看錯：受困人間的靈魂經常會跟著人回家。他們也許不擅於找到光——回到『另一邊』的路——但他們在地球上唯一需要的導航系統就是你。他們很容易就會跟著你從一處到另一處，就像那個移民家庭從奧松園跟著我到科馬克一樣。所以在你打肥皂沖澡的時候，觀想肥皂泡抓住了所有可能沾在你背上，跟著你回來的負面能量，想像溫水像美麗的白光，將愛和聖靈的保護沖流到你身上。想像這個白光正淨化你身上的所有負面能量，然後流到排水管裡。洗完後能量多乾淨啊！

要持續保持你的空間不再有那些負面能量回來，你可以在家裡擺些透石膏、黑碧璽或粉晶。我們會在後面的章節討論這些水晶和其他幾種效果很好的水晶功效及適當用法。現在只要知道來自大自然的禮物可以讓家裡的能量保持平衡和乾淨即可。

順便一提，你不必等到困在人間的靈魂或負面能量出現才來淨化環境，現在就可以淨化，讓家裡更舒適。很多人搬到新家會用上述的白鼠尾草煙薰，這樣家中就只有他們自己的能量，不會有前任住戶的能量殘留。我在想，要是我的家人當時搬到新家前，先做了這些保護，情況會有多麼不同。

同樣的，你也可以用薰衣草精油加點水，倒進噴瓶，然後噴在房間四處，尤其是角落。父母把新生兒從醫院帶回家前，也可以在育嬰房噴一些。

靈異漩渦

水晶具有大地的強大能量，經常被用來幫助保護我們對抗不被歡迎的靈體，有時候土地本身也會吸引這些靈魂。這讓我想到我當年在科馬克的家裡目擊的超自然現象。自然界有些地方似乎特別會吸引成群的靈魂，某些人造的建築，還有人也是。這些強大的靈魂拉力創造出稱為能量渦流（Vortex）的漩渦。由於某些原因，磁力的、引力的、靈性的，也或者是這些土地、建物或人們的其他力量太強大，被困在次元之間的靈魂因此被吸引來並被吸入這些能量渦流。有時這些渦流事實上是通往「另一邊」的門戶，我懷疑以前在科馬克的住家是因為那塊土地，或甚至我未經訓練的心靈力所形成類似漩渦的作用；被困在那裡的靈魂真的好多。

能量渦流並不像你們以為的不尋常，有些能量規模還大到許多觀光客會特地去體驗。在去過幾處這些地方後，我可以告訴你們，有些地方的正能量就跟某些地方的負能量一樣能影響你。國外著名的巨大能量渦流，包括了埃及金字塔和巨石群。美國則有奧勒岡（Oregon）渦流，亞利桑那州聖多納鎮（Sedona）的四個渦流、亞利桑那州鳳凰城的迷信山（Superstition Mountains）渦流，還有許多別的能量渦流。這些地方的能量會吸引很高的頻率。好幾年前，我在聖多納鎮的一處渦流地經歷到與我童年友人聖母瑪利亞的強烈靈性體驗。那次聖母透過我帶給這世界充滿希望的訊息。朋友們圍在身邊，聖母的淚滴在我的臉頰，表達出祂對我們美麗的地球母親被人類虐待的痛心。那次以後，我不曾像那樣聽到她的訊息。但每當我需要朋友或需要聆聽時，她都會在我身邊。北加州的沙斯塔山（Mount Shasta）也有渦流，我跟歌手卡妮．威爾森（Carnie Wilson）就是在那裡見面的。

卡妮遇到的鬧鬼錄音室大樓曾經是停屍間，而且是位在沙斯塔山能量強烈的小鎮。在這個錄音室工作的藝人經常有很不尋常的體驗——不是享受最棒的創意靈感，就是跟自己最可怕的心魔搏鬥。關於能量渦流的有趣現象是它能玩弄你對現實的觀感，而且是情緒和身體或物理上的。比如說，在迷信山那樣的地方，重力的不同會使得物體看起來像是往上滾一樣。而在卡妮的那間錄音室，她害怕並以為要傷害她的靈體其實是想幫助她的已故親人（雖然他生前就很嚴肅）。這些奇怪的能量渦流所具有的力量，至今仍無法解釋，這表示我們對能量還有許多疑惑不解的地方，儘管我們現在知道的已不算少，還是有尚待我們解開的無數謎團。

第四章　仔細聆聽

練習直覺力並建立信心

離開紐約的科馬克後，我們就搬到長島的谷溪市（Valley Stream）；我在那裡發生了最神奇的事。從我有記憶以來，那是我第一次不再時不時看到鬼魂。我簡直不敢相信，我竟然晚上能睡得好，而且早上神清氣爽的在房間裡獨自醒來。那裡的白天不再有搶著要我注意他們，或是在晚上我頭一靠到枕頭，就突然出現在面前的數不清的靈魂。我終於可以過正常人的生活了——如果後青春期有可能過正常生活的話。

那段時間我很愛跳舞，完全就是個迪斯可舞后。周末我會跟堂姊卡蜜拉和一位親近的女性友人薇拉莉去俱樂部玩。我比跳舞更愛的事可能是大笑了，當我跟這兩位出門時，不是跳舞就是大笑。有天卡蜜拉（我叫她小蜜）告訴我，她認為有個男生很適合我。

他們上同一所職業學校，於是小蜜決定扮演丘比特。她說：「我發誓，金，你們兩個在一起一定很配。他風趣又親切，哦，對了，他長得蠻高的，我知道妳喜歡高大的男生。」我起先不是很感興趣，但她鍥而不捨，而且，她的直覺向來很可靠。

跟平常一樣，她的直覺沒錯，這個男生跟我一拍即合，我們幾乎立刻就開始約會。他跟我堂親一樣住在皇后區，所以當他想見我時就搭計程車來長島，一趟要花掉四十美元，對他那個年紀的人是很大的金額。我心想：「他一定很喜歡我。」老實說，我也非常非常喜歡他。

大多數的時間我們只是在我家看電視，我當時以為自己已經找到完美的對象。而且他跟我父親一樣在義大利出生，我想這會讓他們有機會聊天，父親對我們也會比較寬鬆。然而，我父親對約會還是管得很嚴，他說的很清楚，如果我們要去看電影，不管怎樣都要在規定的時間回到家。這點我們兩個都不介意。我母親會為我們做晚餐，我們會一起吃飯。我母親很喜歡他，我們後來也發現，他超會跳舞的。如果我說他跳舞的動作像弗雷德·阿斯泰爾（Fred Astaire 譯注：美國演員、舞者，有舞王之稱），一點都沒有誇大。每次我們去參加親戚婚禮時，他會跳狐步舞，甚至跟我母親跳華爾滋。我完全不知道他是怎麼會那些舞步的，但他就是會跳。他們兩人在舞池中很引人注目，每個人都會停下來看他們。

這樣的美好時光持續了一陣子，但當他畢業，開始上夜班工作後，我們的感情就有了變化。我仍然跟小蜜和薇拉莉去跳舞，父親會同意是因為他認識我們整群人，包括其他堂親，他知道我們會彼此照顧，也知道我去真的只是跳舞和跟朋友聚聚。如果這位男友能跟我父親一樣，放心地讓我跟這夥友人出去，那麼一切就不會有問題了。可是他卻會打電話問很多問題：「妳在哪裡？」、「妳跟誰在一起？」、「妳在做什麼？」即使我告訴他只是跟家人一起，而且沒做什麼不對的事，他還是會說：「我不要妳出門，我要妳待在家裡。如果妳愛我的話，我不在妳身邊，妳就不要去那種地方。」整個感情開始變得有條件式、非常佔有和失控。我說的不是只一兩天的情形，這已經成了跟他相處的基本模式。很不健康。尤其我又讓這個情況持續過久。有段時期甚至到了當他抱怨和怒罵時，我在他身邊都覺得不安全的地步。幾乎每個人第一次談戀愛都會有不安全感，而年輕時的賀爾蒙只會讓情況更糟。然而，不論年紀或經驗多少，我們都還是要學著控制自己嫉妒的衝動。

縱使情況到了這種瘋狂的地步，經過無數次談分開，最後一次終於分手時，我還是很崩潰。誰先切斷關係真的不重要，因為都會心痛。分手後，我有好多個月，將近一年的時間鬱鬱寡歡。但這段感情教給我的最大課題，就是我真的需要保護好自己不受他人強烈能量的影響，尤其我又是極度敏感。當你發現自己若不是屈服於別人的意志，要不就是強烈反抗時，這肯定是你們的能量很分歧的徵兆。為自己設堅定的界線是我的首要之務，不論是在處理佔有慾強的首任男友的熱情和我們之間不同的觀點，還是那些同樣受挫和混亂的受困靈魂。能量就是能量，不論是還活著或已逝的人。跟那些會讓人覺得窒悶的能量保持距離非常重要。

當有過這種混亂的經驗，下一次我們往往會反向而行。以我的例子來說，這絕對是真的。在我二十多歲時，某晚我和小蜜又去俱樂部，我跟一位看起來完全不是我會喜歡的男生跳舞。堂姊一看到便想：「喔喔，我得趕快過去解救金才行。」她繞過人群來到我旁邊，但她沒想到我在她耳邊低語：「我不需要幫忙，這個男的真的很搞笑。」他是住在布魯克林區的會計師，在八大公司之一任職。如果要打分數的話，從一到十分，他的幽默感輕易就飆到十一分。不過我們還是在電話中聊了好幾次之後才決定約會。

經歷過前一段波濤洶湧反覆無常的關係，我覺得很緊張，因此邀友人薇拉莉跟我們一起。起先她根本不肯。「你們兩個吃晚餐時，我要做什麼？在一旁拿蠟燭嗎？」她開玩笑地說。

我跟這個男生提到邀請薇拉莉和我們一起的事，雖然我聽得出他有點吃驚，但聽到薇拉莉說的話他卻笑了起來。所以你們猜他來接我的時候帶了什麼？他一手拿著要送我的禮物，一條非常漂亮的鑽石手鍊（這比我預期的禮物要貴重多了！）另一手拿著要送薇拉莉的禮物。沒錯，你們猜對了：就是一個枝狀的大燭台！我們全都哈哈大笑。就這樣打破了冷場也打開了話題。這位男士就是這麼圓融，非常貼心又文雅。

在我們約會期間，他對待我像公主一樣。他總會預先為晚餐訂好位，要不然就是給我驚喜，說道：「我們要出去，穿一套漂亮的黑色洋裝，我就只告訴妳這麼多了。」後來，他買了訂婚戒指給我，還買了一棟兩房的聯排樓房準備給我們婚後住。直到他解除婚約，我才知道我們兩個有多不適合彼此。當他告訴我，他覺得我對他的感情不像他對我那麼深時，我很心痛，但內心深處我明白他的意思。我喜歡他的隨興，喜歡他心胸寬大，但總覺得少了什麼。就是少了什麼。我會一直努力說服自己，他對我很好，我們在一起會有美好的人生。但我並不是在誠實面對自己，而我也沒辦法一輩子不誠實面對自己，尤其我們就要做出共度一生的承諾。

雖然靈魂已有很長一段時間沒來找我，但分手後，我確實感到跟「另一邊」有所連結。我清楚覺察到有位守護天使介入，幫助我避免犯下嚴重的錯誤。我一直有個感覺，這個天使對這一切有很強烈的訊息要傳達給我。我想天使是要叫我多聆聽自己內心的聲音。我的直覺示意了我好幾次，跟這個人結婚不是我該走的正確之路，然而我一直忽視，直到他的直覺也告訴他同樣的事。

我後來了解到我們每個人都有直覺，正如我先前所說，小蜜的直覺絕對很強。（我甚至認為是直覺帶引我跟我第一個男友在一起，因為我需要從這段經驗學習。）我也有直覺，你們也是。直覺一直都在，連同那些佔據我們心智的無數其他念頭。接下來，讓我分享一個能幫你們認出直覺的方法。

聆聽心靈感官之母的聲音：直覺

你的心一直在接收許多傳進來的訊息，幾乎要有個來電顯示才能過濾出來自直覺的訊息，否則很容易就會錯過。我發現認識直覺的來電鈴聲的最好方法，就是設一個跟它固定通話的時間。我的意思是，撥出一段時間靜下心來。在這麼做之前，先選一個你難以決斷的事，讓直覺知道這是你想跟它談的主題。當你坐下聆聽時，把這段時間當成是一通私人電話。剛開始練習時，一邊做菜或哄小孩上床，一邊跟直覺說話並不是好主意。隨著你們越來越熟識彼此，只要你有需要，隨時跟它溝通都不會是問題。但現在先暫時關上門，專心聆聽彼此的聲音。我覺得必須要告訴你們這點是因為現在很多人在接重要電話的同時，也在做其他事，但這不是你一心多用的時候。

靜坐時，把任何源自意識心、你不想要的，或是擾人的念頭推開，靜靜聆聽任何浮現你腦中，跟你選擇要討論的話題有關的訊息。注意：直覺比較像是知曉和感覺，而不是**理性的思考**。很多時候你的恐懼（或小我）的心智會汙染問題的真實答案。小我說：「我知道什麼對我最好。」來自高層智慧的直覺卻建議：「我臣服於對所有人最好的結果。」當你開始信任出乎意料且最沒道理的答案時，很可能就是你的直覺在說話了。

經過一段時間練習之後，你會很驚訝問題的答案變得非常清楚。你可能會發現自己苦思良久不知要如何處理的難題，雖然沒有直接請直覺幫忙，卻突然聽到你沒有預期的答案。當有這樣的情形，你就知道你已經學會認出直覺打來的電話了——也可以說，你認得它的來電鈴聲。有時候過程的運作正好相反。直覺會打來問一個它認為我們應該好好思考的問題，就像它一直問我該不該嫁給我的未婚夫一樣。我聽到問題了，卻沒有好好地認真去想答案。這就像我要直覺在線上等候一樣。要是我之前認得那個聲音，我可能就會停下來認真去想它為什麼會問我那個問題。

跟直覺的對話很像是禱告，這讓我想起我約會那些年間的一次經驗。

重新檢視我跟上帝的關係

從我第一段感情悲慘分手後，我更常跟母親去教堂了。她有位好友，就跟我們的阿姨一樣。她的兒子發生了一場嚴重的車禍，復原期漫長且辛苦。雖然他克服了許多障礙，但再也無法像從前一樣。為了幫助他度過那段黑暗期，她成為一個重生的基督徒。把人生交給耶穌後，她的痛苦和憂慮減輕了許多，她因此想把信仰的祝福分享給別人。她深信我們必須被拯救，並把心交給上帝，否則不能上天堂，因此她鼓勵我母親跟她一起去這所教會。

雖然我母親一向都去天主教教堂望彌撒，她發現這所教會的佈道跟她以往的體驗不太一樣，而她的改變很快就看出來。她一向很有愛，後來人也變得隨和。她有種平靜，似乎沒什麼問題和煩惱是她無法克服的。她在家裡總是哼著歌。週日從教會做禮拜回來後，整個人充滿喜悅。由於她的改變非常正面，有一天我也跟她去了這間新教會。事實上，我們全家都開始跟她去了。結果，我們真的都很喜歡。我心想：「哇，來這裡的感覺真是太好了。」教會的佈道鼓舞了我，讓我充滿希望。我喜歡，很喜歡，太喜歡了。我們會唱很多很棒的歌來讚美耶穌。唯一花了我一些時間習慣的，是要對著天上高舉雙手，因為以前在教堂不曾這麼做過。新教會的人都充滿愛心和熱心，我被這整個體驗給吸引了。

我很快就參加了每周五晚上的青年聚會，那是一個禱告團體，所以我感到很自在。耶穌一直是我的知音、朋友和好夥伴。我從小就知道上帝的力量，因為我見證過太多次了，但這些聚會仍讓人大開眼界。我不斷聽到大家說上帝對我的人生已有計畫，發生的任何事都不是偶然。他們也告訴彼此：「絕不要低估上帝的能力，祂能幫助療癒你的心。」由於我才剛因感情的事心碎，這些話聽起來很令人安慰。雖然這間教會的人不信仰我喜愛的聖人，而且只在聖誕節期間才提到聖母，即使如此，我還是覺得那裡棒極了。在把心交給了上帝並在聖靈中受洗後，我很快發現天下沒有什麼我克服不了的事，這包括了幾年後婚約的取消。

我一直記得這間教會常說的一件事。他們的教導應承，如果你把心交給上帝，祂就永遠不會放棄你。你需要在外流浪多久祂都允許，而你永遠都會想回來找祂。這直接說中多年來讓我掙扎的事；關於我能看到靈魂的天賦。我向來知道天主教教會不贊成對鬼魂說話，我也知道重生的基督徒不贊同通靈和靈媒做的事。我們跟魔法師、預言者和算命的人是同一類。

我不是研究聖經的學者，但我從選讀的經文和牧師的佈道中得知，跟已亡者的靈魂說話是被嚴格禁止的，那等於是在跟魔鬼打交道。他們灌輸你魔鬼總是裝成光出現，直到他以偽裝的形態把你拖入他黑暗深淵的觀念。我們一再被告誡：「不要被他愚弄了。他會以你的老闆、朋友或你知道的最有愛心的人的身份出現。」但這話讓我念念不忘的意義在於，如果我在不情願和非自主的情況下，因為看見靈魂而偏離上帝，只要接受過聖靈的洗禮，就表示上帝祂永遠會收留我。

我是在很久之後才跟母親談到這個概念，因為被我壓抑的天賦越來越常出現。雖然她很虔誠，但從來不會狂熱或沉迷於信仰。比如，教會說不該賭博和抽菸，但我母親兩者都來，因為她認為上帝會了解生活應該有些樂趣。

當我後來終於成為靈媒，我告訴母親，我為前來諮詢問事的人帶來多少喜悅和寬慰時，她向我保證，一切都是看我怎麼使用自己的天賦；如果人們喜極而泣，找到了內心的平靜，並且因為知道自己所愛的人平安地在死後的世界而能睡個好覺，一如他們跟我說的那樣，那她認為上帝不會介意我做的事。

我事實上感覺我的天賦因為心的開啟而增強了，我的靈性與親近上帝也使得心靈能力更強而不是減弱。但我是花了很長的時間才得到這個結論。

早期的教會經驗開啟我接納自我的過程，但在我能真正接納自己的天賦之前，我還得經歷許多許多事。

法蘭克神父傳遞好消息

其中一個幫助我徹底克服這個心理障礙的事件，要等十年後才會發生，但絕對值得先在此一提。我一位朋友派蒂・朗果（Pat Longo）去了通靈市集的活動，她聽說有位前任神父現在在做靈媒的工作。她拿了他的名片，說服我一定要去見他。

雖然我母親多年來請過很多靈媒來家裡，但在我見到法蘭克神父之前，我只請靈媒算過一次。（巧的是，那位靈媒告訴我，我將來會寫一本書！）

於是我和派蒂一路開到蘇福克郡（Suffolk County）。她打電話預約時，很小心地不提到任何關於我的事，甚至沒提到我的名字。法蘭克來應門時，他的模樣跟我預期的完全不同。他有一頭黑髮和濃密的黑鬍鬚，體格健壯。令人印象最深刻的，是他穿一件鮮豔的夏威夷風襯衫。我永遠不會忘記他散發出的自在和無憂無慮的氣息。

我們決定他先幫我解讀，因此我跟著他進入廚房。桌上擺著一副紙牌，他要我自己洗牌，接著說：「我先跟你解釋一下我的天賦。」我說我很有興趣瞭解，因為我知道他曾經當過神父。他說：「對，我以前是，但上帝把知識的天賦傳授給我。」我追問：「你是靈媒嗎？」「不是，我有知識的天賦，但如果把你死去的親屬帶來能提供你消息的話，那我在那時候也算是靈媒。總之，我的天賦是知識。我就是知道事情，我會接收到。」我對此完全沒有意見，我只是好奇他知道關於我什麼事。我洗完牌後，他開始逐一翻牌。先是方塊六，接下來是梅花六。他停頓了一下，說：「喔，你看看。」

「怎麼了？」

「妳在否認上帝賜給妳的天賦。」

他吸引我的注意了，可是我不想說出來，也不想暗示他任何事。我面無表情，不想有任何眼神接觸。我看著紙牌說：「真的？這上面哪裡說到了？」

他又翻了幾張牌後說：「親愛的，妳有很大的使命和目標，但妳現在心裡很掙扎。」他說對了掙扎的事。

在受洗後，我知道上帝仍會接納我，我的心因此得到慰藉，但幾年過去了，疑慮又開始悄悄滲入；可是我不想讓法蘭克知道他說對了。他繼續模糊地說著上帝賜給我的天賦，我實在忍不住了，最後終於說：「我不是故意冒犯，但我認為自己有很多天賦。我很有創意，我會縫製衣服，我奶奶教的；我很會整理家裡，我對裝潢也有獨到眼光。我不太清楚上帝給我的這個天賦是什麼，你可以說得更清楚嗎？」

他輕笑了一聲；他明白我很清楚他說的天賦是什麼，但我想要更多細節。於是他又翻了幾張牌。「我很清楚妳的天賦是什麼，妳有跟死去的人說話的天賦。」

我必須知道紙牌在哪裡說到這件事了，因此追問：「在哪裡？它在哪裡有說到？」

「我有知識的天賦，我知道妳能夠提高振動頻率，而人們死去的親屬能降低頻率，這樣妳就能跟他們在中間會合，從死者那裡帶回訊息。」

我好震驚，差點從椅子上摔下來。光看我的樣子，你們絕不會知道我能跟死去的人說話，或者該說，是他們跟我說話。他並不認識我，他也很可能說我是在髮廊或布魯明戴爾百貨公司的化妝品專櫃工作。他到底是怎麼看出來的？「法蘭克，你是怎麼知道的？」我說。他又笑了，問道：「妳能跟死去的人說話嗎？」

「對。對。我可以。你可以把紙牌收起來了，因為我並不需要解讀。我有一百萬個問題要問你。」

他滿面笑容地說：「來吧！我洗耳恭聽。」

我直接切入重點。「聖經裡對我的天賦是怎麼說的？」

他隨即引述了相關經文。這些經文意味深長而且令人解脫，我聽得好感動。這個體驗實在太深刻了，我永遠都忘不了。他所引述的經文在證明死後的世界，證明這是邀請做光的工作，比如《約翰福音》第三章第十六節說：「神愛世人，甚至賜下他的獨生子，好讓所有信他的人不至於滅亡，反得永恆的生命。」還有約翰福音的第十四章第十二節：「我確確實實地告訴你們：我所做的事，信我的人也要做，而且要做比這些更大的事。這是因為我就要到父那裡去了。」

然後他問：「那些人聽到妳傳達的訊息後是害怕地離開嗎？他們感到恐懼嗎？他們離開時，比來的時候有更多疑問嗎？還是他們是帶著輕鬆的心情離開？帶著平靜的心？

他們知道了以前不知道的事，而這些事讓他們能夠繼續走下去？」我真不敢相信，這些話幾乎跟我聽到他們對我說的一模一樣。

「如果是這樣的話，金，妳只需要知道，妳在做上帝的工作。當妳為人們的心帶來平安，帶給他們愛和喜樂，那就是上帝。除了上帝沒有別的。魔鬼絕不會帶給你平安。魔鬼絕不會賦予你愛，絕不會給人能夠療癒心靈的智慧。」

你們想知道什麼是頓悟時刻嗎？我腦中五千萬個燈泡同時亮了起來。這個再簡單不過的答案改變了我的一生。這正是我需要知道的。

自從那次談話後，我就沒再回頭了。我全力向前。我也總是會在每次為人通靈諮詢之前，請上帝幫助我，讓我為所有相關人士的最高利益服務。這能確保我只傳遞來自神聖源頭的平安、平和、愛和智慧的訊息。

我記得那次解讀還有件事。當我們談到通靈時，法蘭克俏皮地說：「不然妳以為聖經大部分的經文是怎麼寫出來的？」這話不禁讓人深思。

我和教會一致認同的禁忌

跟靈魂談話不能掉以輕心，也不能當作遊戲。絕大多數靈媒和神職人員都同意有件事很危險，那就是玩通靈板和／或進行降靈會可能會有嚴重後果。因為那是跟不按牌理出牌的死者的互動形式。當你邀請陌生的靈魂進入你的生活，你永遠不知道會發生什麼事。這種隨機招魂會引來過於黑暗和難應付的靈體——那些頻率極低的受困鬼魂，包括生前曾犯過像強暴、虐待和謀殺種種可怕事情的靈魂。大多數的參與者也不知道一旦靈魂出現該怎麼做。他們天真地打開了某個管道，同時給了不只一個困惑靈魂進入的機會，但他們卻完全不懂要如何關閉門戶。

其中一個最糟的錯誤，就是請靈魂提出他們在場的實際證明，這不僅是把通道的門開得更大，還邀請他們橫行無忌。等於是同意把你的空間和所有物給了他們。在《重訪靈異現場》節目裡，演員可可・奧斯汀談到她和她姊姊就做了這樣的事；難怪她們廚房的吊燈會晃動，那個重量和大小顯然要不只一個靈體的力量才能辦到。那些靈魂從那時起就留在房子裡，多年後我們重訪現場時，我仍然可以感覺到那些靈魂的能量。

我曾經說過，我不去較低的星光層，因為我不喜歡跟那些頻率的靈體接觸。就好像為了知道要避免去哪些地方，我們需要研究地圖，必須知道地勢，知道哪些彎不要轉。

我很確定這是聖經告誡大家要謹慎的地方，我在這方面是全心認同。

第五章　靈魂合約

我們是如何注定完成我們的人生目標

如果我說小時候那些鬼魂的突然出現並沒讓我想知道更多有關死後世界的事，出現在科馬克家裡的成群靈魂並沒有令我好奇，或是我約會那些年他們的消失無蹤沒有讓我納悶這些鬼魂出現和消失的目的，那我就不夠誠實了。你們現在知道我為什麼沒有像他們追著我那樣追著他們的原因了。並不是因為我怕他們，而是我擔心上帝不會贊同。但如果你還不相信上帝以神秘的方式行事，那就先讀完接下來的幾章吧。

命運的召喚

我在家裡療癒內心的傷口；你們知道的，就是婚事突然取消的事。雖然我的女性友人不斷邀我跟她們出去，但我忍住沒去。我確信她們一定認為我很沮喪，但我事實上待在家裡是在考慮人生的下一步。我在想，我是不是該多跟幾個人約會，你們知道的，就是不要太早陷入另一段認真的感情。也許我該給自己多一點時間和空間，看看這個世界會給我些什麼。

有天晚上我敵不過友人要我出門的壓力，因為她不停地說這會對我有幫助，但我懷疑是她自己想出去玩。因此我說：「好吧！妳猜怎樣？我們走吧！」但這次我們沒有去通常會去的地方，我們到安靜很多的社區俱樂部。起先我們坐在吧檯，跳了幾支舞後，我去了洗手間，接著又回到舞池。這時我注意到一個模式，於是我問朋友：「妳看到坐在那個女孩旁邊的男生嗎？」她說：「有啊！」

「妳可以說我發神經，不過，不管我走到哪兒，我都看到他跟著我。」

她說：「真的嗎？這很奇怪，他是跟那個女的一起來的。」

「我知道，的確很怪，可是他真的好可愛，不是嗎？」

她也認同，因此我們做了個小實驗，想看看我說的對不對。結果真的只要我們走動，他也跟著移動，而且是走到面對我，可以更清楚看到我的地方。我朋友這時和我正坐著聊天，雖然我平常不太喝酒，那天卻在喝第二杯葡萄酒。時間慢慢過去，我看到這個男生仍盯著我看。我也不知道自己發什麼神經（後來回想，的確是發神經），但我當時心想：「我要做一件完全不符合我個性的事。」於是我把我的電話號碼寫在火柴盒上，然後跟酒保說：「你看到對面那個男的沒有？現在不要看，待會兒再自然地轉過頭去。他跟一個女生坐在一起，等女生起身去洗手間的時候，把這個號碼交給他。」酒保當然覺得很訝異，不只是因為我這麼主動，他說：「妳知道他是跟她一起來的，對吧？」

我沒有因此打消念頭。「我很清楚，但她顯然會在某個時候去洗手間，到時你把這個交給他就好了。」就在我說完不久，她便起身去洗手間。酒保遞給了他號碼，突然間，我覺得尷尬死了。我一輩子不曾做過這樣的事，這一點都不像我，我害羞得低下頭。我的女性友人不停在旁邊說：「金，金，把頭抬起來，他想跟你有眼神接觸。如果你不抬頭，他會認為那個電話號碼是我的。」我於是抬起頭來，而他顯然知道那個號碼是誰的。他用唇語對我說：「我會打電話給妳。」我點點頭，對他眨了眨眼，然後就離開了。就這樣，結束。

隔天晚上我甚至不記得自己做了什麼事，我在房間跟平常一樣耳朵緊貼著電話，跟一位女性朋友聊天。他打電話插撥進來，我們聊了一會兒，他告訴我那晚跟他一起去的女生不是他女朋友。他說她只是朋友，因為她心情不好，所以才帶她出去。我認為這是老掉牙的藉口，我說：「拜託，別唬我了。」但他繼續說他猜想她可能是喜歡他，而他不知該如何婉拒。我真不敢相信，這個男的竟然想跟他盯了一整晚的女生徵詢感情建議！

談到這我們都笑了，他說：「唉，我會想出辦法的。」後來我們的談話轉到其他話題，我跟他聊到我的家人，他也告訴我有關他家人的事。我們有很多相似的地方，但又很不一樣。簡單的說，他的家庭很複雜，但他的人似乎很正常。我發現他的故事很有趣，我也喜歡他那麼推心置腹地把心事告訴我。

隨著我們開始約會，我發現他有許多特質都很符合我的需要，之前我還在想不要太早談感情呢！你們知道那句老話：「人做了計畫，上帝卻在笑。」喔，現在上帝一定笑得很開心，因為我真的開始喜歡上這個人了。顯然地，他也喜歡我。他心地寬厚，但沒有人可以逼迫或操控他去做他不想做的事。雖然他像泰迪熊般溫柔，他並不怕跟人起正面衝突。由於他對自己很有自信，他也不介意我肯定自己。他從不曾想改變或控制我，這對我來說，絕對是新的體驗。他讓我當我自己。他挖掘真正的我，這也讓我覺得自己很特別。

一切都進展得非常順利。有一天，那時我們約會還不到半年，他說他要去刺青。他身上已經有兩個刺青，但這次他要把我的名字刺在他的手臂。我懇求他不要這麼做。「拜託，拜託不要。」我擔心這會讓我覺得必須對他負責，而且有被綁住的感覺。但他只是說：「不管妳願不願意我都要這麼做，這是我的身體。」他的堅定令我驚訝，他繼續解釋：「我認為我們在約會，我們的感情很好。這麼做只表示我對妳的感覺到了一個我想這麼做的程度。」當我問，「要是我們的關係無法持久呢？」他的回答很令人驚訝。「嗯，那我就必須面對，不是嗎？」他就是那麼固執。「如果妳想跟來就來，但不管有沒有妳的允許，我都要這麼做。不論我們以後會不會在一起都一樣，妳對我就是這麼重要，不管以後如何，我都要把妳的名字刺在我的手臂上。」

我在那時就知道，我們會永遠對彼此坦誠。我們之所以能夠那麼誠實對待彼此，是因為我們都是能夠承受真相的人。我找到我的終生伴侶了。

後來我們結婚，養育了三個很棒的兒子，尼可拉斯、約瑟夫和小安東尼。而且，沒錯，安東尼那天去刺青了。

向我們愛的人學習

有個人生伴侶最棒的地方就是他／她會持續幫助你發現新的自己。我在婚後和成為靈媒的這些年，生活中有很多的自我發現，除了建立家庭並積極研究心靈現象外，我也有許多改變人生的經驗，我會在書中陸續告訴你們。但現在我想先跳到幾年後，也就是我在第一章談到的，我和安東尼一起探索過去世的時期，因為前世回溯確實能夠解釋情感／親密關係——我和安東尼，還有你和你生命裡重要他人的關係。

在我第一次進行前世回溯時，我已經發展了一些心靈能力，但我仍然很抗拒使用。回溯前世對我來說，比跟靈魂說話來得安全，我感覺我所探索的事是在可被接受的範圍。自從知道了教會相信生命永恆不死，我認為上帝對於探討在世者的靈魂歷史，應該不會有什麼問題，尤其這個人又是我熟識和深愛的。這跟通靈不同，我是這麼認為。

三個明顯訊息之一

相信我，在聽到安東尼的前世曾是船長、數學老師等等之後，當他不再以自己的身分說話，而開始通靈來自「另一邊」的靈魂時，沒有人比我更驚訝了。

第一次發生時，我的祖母透過他跟我說話。那就像暖場——是一堂練習課。我們當時的回溯過程跟往常一樣，但突然間，安東尼說：「蘇西在這裡。」起先我沒有任何聯想，因此很自然地問：「誰是蘇西？」

當他說是外婆時，我心想：「不可能。」

我完全不知道接下來會如何發展，但我順勢對話下去。

「嗨，外婆。」

「嗨，金。」

順道一提，每次安東尼被催眠時，他的聲音總是單一的聲調。有趣的是，即使他以別人的身分說話，語調也沒有變化。

「您還好嗎？」我問。

「我非常好。」

「妳在那裡做什麼？跟誰在一起？」

「山姆，我跟山姆在一起。」

這很奇怪，她不是說「妳外公。」外公在我出生的前一年就過世了，所以我從沒見過他，但我一定會稱他外公。就在我思考這點時，我聽到她說：「山姆，吃晚飯前先去洗手。把你指甲上的黑墨洗乾淨。」

我知道外公生前是印刷工，但我不認為我曾把這個細節告訴我先生。聽到這句話讓我很確定提供資料的並不是安東尼的潛意識。

「什麼意思，外婆。為什麼要那麼說？」

「他要去洗手，他的手被墨水弄髒了。」

我們那時談的並不是什麼重要對話，我們聊了一點我阿姨，也就是我媽媽妹妹的事，她也是我的教母。但不知為何，我猜想外公和墨水是某種線索。

那時已是午夜，但我知道我媽媽仍會是醒著的，因此打電話給她。

「媽，別緊張，沒事。你記得我有時會跟安東尼做的事嗎？我催眠他的事？嗯……外婆來找我了。她在坐下來和外公吃晚飯前，跟外公說了些話。我先不要告訴妳是什麼，因為我想看看我是不是對的。」

「喔，天啊！妳外婆老是會唸妳外公的指甲。除非他把墨水洗乾淨，要不然不准上桌吃晚飯。」

「媽，妳一定不會相信發生了什麼事。外婆剛剛才這麼告訴我的。」我說。

我母親這時問：「金，妳真的覺得妳應該對妳可憐的老公做這種事嗎？他這樣不是早上都會很累？」我知道她說的沒錯，於是很快掛上電話，回去繼續跟外婆說話。

「外婆，請仔細聽好，我很確定妳是透過我先生安東尼跟我說話。請告訴我，我要怎麼直接跟妳說話。我不想透過安東尼才能跟妳對話，我想要不透過他的幫助就直接跟妳說上話。」

外婆的回答很簡單，我立刻就明瞭了最基本的層面，但我是直到幾年後探索各種能量並運用脈輪後才完全明白。她說：「打開妳的心。」來自靈魂的課程於是就這樣開始。

第二個訊息：更多來自摯愛親人的訊息

由於安東尼是這個不尋常發現之旅的夥伴，他也得到了靈魂世界的認可。

一晚，安東尼的爺爺東尼過來了，他直接跟我說話。他要我隔天早上問安東尼小時候爺爺是怎麼暱稱他。他告訴我的綽號是安東尼不曾跟我說過的。他叫安東尼「安東尼奧・巴沙怪」；巴沙怪是義大利俚語，大意是「麻煩來了」。他也轉述以前每周跟安東尼在糖果店玩遊戲的細節。我因為想確定這一切不是來自安東尼的潛意識，我要求他爺爺幫忙證明這不是安東尼記憶的浮現。他的回答有點神秘。

「問他收音機的事——汽車收音機裡播的歌。只要告訴安東尼那是我就可以了。」

當我跟安東尼提到這事時，他的反應是老樣子：「什麼？妳又通靈了？」這時候安東尼已經允許我隨時可以透過他跟靈魂說話，但他對過程完全沒有記憶。

「對。不過，聽好了，你知道這次誰來了？」

「誰？」

「你爺爺。他跟我說小時候他都叫你巴沙怪。我也知道你們泡泡糖的遊戲。」這下把安東尼給嚇壞了。

「他跟你說的？」

「對，他也要我問你汽車收音機的那首歌是怎麼回事。他說那是他。」

你們有必要知道，我跟安東尼結婚這麼多年來，從不曾見他哭過。他這時吸了口氣強忍著，但我瞄到他臉頰上的淚水。他告訴我，幾天前他開車去上班的途中，聽到收音機播放一首歌，那是他爺爺以前常唱的歌。雖然他轉了好幾個電台，卻總是聽到那首歌。許多回憶立刻湧上。他當時以為可能是車上的收音機短路了。當然，如果這件事發生在我身上，我一定會立刻想到是已逝的摯愛親人在傳訊息給我。這是不用大腦想就知道的事，但我們現在說的這個人是我先生。這也是發生在我的心靈天賦完全開發之前，我們的時間和生活還沒常被靈魂耗用和估據前的事。他當時只忙著想工作和養家活口。他不會想到「這是來自我爺爺的徵兆。」他想的是：「這車子需要修理了。」因此這個領悟讓他頓時呆住，真的是呆住了。

他的反應足以證明收到的訊息不是來自安東尼自己。我是在跟一個具有智慧、完全不同的生命說話，他知道我在說什麼，他也透過安東尼回答了我。現在安東尼也知道了。但為了確定安東尼收到了訊息，他爺爺隔天晚上又來了。他說：「金，請妳一定要叫安東尼查一下我的電話號碼。」我後來撥了他爺爺給我的號碼，鈴聲響了又響，但當然不會有人接。於是我告訴安東尼，「我不知道為什麼，但你爺爺要你打這個電話。」然後把寫在紙條上的號碼交給他。他狐疑地問：「這是什麼？妳是怎麼知道這個號碼的？」

「他給我的。」

「這還真怪，我奶奶過世後，我就把這號碼停掉了。但我上禮拜去老家附近工作時，也不知道為什麼，心血來潮就突然想打去，我想看看這個號碼還有沒有用。我聽到錄音，妳知道的，就是：『這個號碼是空號。』然後現在妳又告訴我這件事。」

「喔，我昨晚試打了這個號碼，是有效的。並沒有說是空號的錄音啊。」我說。

這時我心中毫不懷疑東尼爺爺因為看到安東尼打了那個號碼，於是找了個方式說：「這是金絕對不可能知道的號碼，我這禮拜才看到你打去。這是我能看到你，而且在這裡陪伴你的證據。」這是每當你需要我時，只要打給我的暗號。我並不知道靈魂也能這樣操控事物，雖然我真的有被嚇到，但我非常喜歡發生的一切。

跟靈界的這些對話讓無法觸摸的無形事物變得明確真實了。我知道我在跟另一個世界接觸，而這只是又一個證明。由於來找我的兩個靈魂都是我們深愛的近親，我認為跟他們談話不會危及我跟上帝的關係。

第三個訊息：絕妙的通靈經驗

但自從安東尼帶來我們敬愛的祖父母的訊息後，我們兩人不認識的靈魂也開始過來了。「嗨，我的名字是喬。」、「我是肯尼。」、「我是摔死的。」、「我是自殺的。」

我開始有點緊張，我意識到我們的探索觸及到深層許多的次元，但我不確定是哪裡。為了幫助安東尼更舒適地到達那個次元，我不再使用以前回溯前世時的催眠稿，我就是單純地使他的意識沉睡，讓他成為想穿越來此的靈魂的媒介。我確定我都會先引導他完成保護的程序，用白光包裹住他，然後再讓來自「另一邊」的靈魂說話。而他們真的說話了！

在我告訴你們接下來的特定接觸之前，我必須聲明，我尊重所有的宗教，沒有獨厚哪一個。雖然我先前說了很多我的天主教背景和從小信仰耶穌，但我認為所有的宗教都帶引到同樣的地方。我相信有一個神性的源頭，一個創造一切的造物主，我稱之為上帝。至於我們會邀請誰進入我們的心——我們靈魂的家——來傳達上帝的訊息，純粹跟什麼讓我們感到舒適有關。這可以歸結到哪個心靈導師的話能帶給你平安。我們每個人都是走在尋找自己真理的旅程中，沿途會收到許多使者傳送的許多訊息。那些從神性源頭一路傳下來的訊息幫助我們在旅途中前進。而我相信，我接下來要分享的訊息是來自具有神聖知識的較高智慧，因為這些訊息真的讓我在這段旅程中更加進步。

某天深夜的通靈時間，一個陌生聲音宣稱她在使用安東尼的聲帶。

「我是卡麗。」

「對不起，卡麗是誰？」

「我從安東尼很小的時候就守護他到現在。我是他的保護者。」

「你說你是什麼？」

「我是他的指導靈，負責守護他。」

這對我來說很新鮮。我當時正和一位知識非常淵博的老師學習，因此聽過指導靈，但我沒想到真會遇到。你能想像我腦袋在想什麼嗎？我真的很愛我先生，但以我對他的了解，我很確定他聽都沒聽過指導靈這個詞。他不是會讀靈性書籍的人，我才是。他是想幫我，但他的腦袋對這些事並沒有興趣。他為了要提供家人所需的一切，非常努力工作，這可憐的男人有時兼了兩、三份差事，只為了確保我們衣食無缺。雖然他支持我在靈性上的追求，但我很確定，他對催眠狀態中所說的話題或術語毫無概念。如果我是透過他在跟一個指導靈說話，那我一定要知道更多才行。

「我是不是也有指導靈？」

「有，每個人都有。妳的指導靈是馬利克。」

我要求她拼出我指導靈的名字，還有她的名字。我沒說笑，我不要漏掉一丁點重要的訊息。後來回想，我發覺以這種方式接通指導靈非常罕見。想想這個發現有多妙！我感覺像是一個在聖誕節早晨拿到新玩具的小孩，我個人的神奇八號球（譯注：一種用來玩占卜的玩具），或是有個魔燈精靈終於可以向我解釋所有的宇宙奧秘。感覺就像中了樂透。對我這麼喜歡追根究底的人來說，簡直是中了頭彩。我一定要參與。然而，我也希望我不是在跨越一條無法回頭的宗教底線。為了確認，我決定檢驗她的能力。但我根本是在拷問她，起先是要確定她是否真是她所宣稱的指導靈——不是魔鬼偽裝的——後來我的拷問是為了要從她那裡學到我能學到的一切。

順道一提，我後來對跨越那條我很在意的「底線」感覺自在許多，因為我在進行的是科學探索，我想了解更多關於不朽能量的本質，而這跟信仰或宗教毫無關係。

那晚我問了卡麗上百個問題，接下來的幾個晚上也是。在她出現了幾次，我也對她的可信度做更多測試後，我終於肯定她是如假包換的指導靈。她耐心回答了我的每個問題，在過程中還叫我好奇的金。我不否認，剛開始我對這個這麼清楚我丈夫的女性（她甚至還比我早認識安東尼），有種怪異的競爭感。但每次我問她關於我人生的問題，她的回答都一樣：「我不是妳的指導靈。金，我是安東尼的。」這讓我覺得有點被冷落，我想知道我的指導靈在哪裡，為什麼他沒有透過安東尼來跟我說話。她的回答讓我很震驚，「他現在在幫別人。」

這真的讓我爆發了。「幫別人？這是什麼意思？我現在是獨自旅行嗎？搞什麼鬼？安東尼有二十四小時的貼身保全，我卻半點保護都沒有？」卡麗常常會立刻說到重點。「不是的，金。馬利克在忙的時候，他都會派別的幫手來照顧妳。」我心想：「好吧！這我可以接受。」但我注意到，撇開我的情形不說，不論安東尼發生什麼事，負責的永遠是卡麗。她不曾離開安東尼身邊，我相信直到今天仍是如此，對這點我真的很感激。當我日後更深入追問卡麗身份的證據時，她會回答只有少數幾人才知道的安東尼的人生故事。

我和安東尼結婚後不久，安東尼的一位姊姊（她已經知道自己和最小的妹妹是被領養的），在父母的衣櫃找到所有小孩，包括了安東尼，都是被領養的證據。這麼多年來，他一直被隱瞞。看到心愛的人承受這種折磨真的很不忍，這件事讓他很心痛。好在安東尼能夠看得開。我們曾一起找到他的生母，瞭解了他幼年的情形。卡麗後來也為我們解開跟這件事有關的幾個謎團，於是一切就變得清楚——儘管有這麼多逆境，安東尼之所以能成為今天這麼傑出的人，事實上是因為卡麗一直在他身邊守護！

卡麗在通靈時段所說的事跟每個人都息息相關，不只是對安東尼。因此我會把我們所學到的放在這章和接下來的章節。

根據卡麗所說的人生

首先，卡麗確認我們每個人都活過很多世，有些人生比其他的大膽或是有冒險精神。在某些前世，我們是男性，有些則是女性；我們曾生於許多不同的國家，身為不同的種族，我們也信仰過許多不同的宗教，從事過各行各業。在我受過充份訓練，成為資格完整的全功能靈媒後，我知道確實有紀錄我們所有過去世的資料，而且可以從宇宙意識取得。這些紀錄稱為阿卡西紀錄，有些靈媒，比如我，都有能力讀取。

阿卡西紀錄

當讀取個別資料時，阿卡西紀錄能提供我們最詳盡完整的前世今生，以及可能的未來。阿卡西紀錄不僅僅是回憶錄，每個紀錄也都是每一件事鉅細靡遺的記述，我是說——每一件事——每個我們在這個次元或其他次元曾經想過、說過、做過或發生在我們身上的事。

然而，這些紀錄不是只跟我們有關。整體來說，這些紀錄的廣度包括每個有過人世的靈魂的資料總和。這些資料如此包羅萬象，它不是紀錄在大量的紙上，而是紀錄在阿卡西。阿卡西在許多古老的語言曾被譯為「無限空間」、「基本／原始物質」或「一切事物的本質」，現今我們將之理解為最純淨的能量。它們是不折不扣的永久紀錄，它們的存在就是要作為永恆的保存。

有些人稱這些資料為所有人類存在的歷史。舊約和新約的經文稱之為**生命之書**。所以，沒錯，從人類有記憶以來就已經知道有這些紀錄，包括阿拉伯人、希伯來人、希臘人、中國人、馬雅人和許多許多的文化都有提及。你甚至可能聽過它被稱為**上帝之眼**、**心的意識**、**集體潛意識**，或甚至**上帝的回憶**。我喜歡後面的說法，就像父母會為心愛的孩子保存剪貼簿一樣，所有存在的創造者也在讓我們知道，我們所做的一切都會被看見。我們不是微小不可見的，正好相反，我們一直在造物主的視線裡。而這個紀錄有一處是未來的可能事件，這表示了我們也能影響這個剪貼簿。

一九○○年代早期，著名的靈視預言家和基督教神秘學者艾德格．凱西（Edgar Cayce）不僅在解讀時讀取了這些紀錄，他也與人分享他是如何接通，紀錄裡有哪些內容，並且教導新世代靈媒取得的方法。雖然艾德格．凱西是使用一種類似睡夢的出神狀態，其他具靈視力能看見未來的人也發展了其他方式，包括靜坐、祈禱和觀想等等廣泛技術。

雖然我們每個人都有發展出這些必要技巧的潛能，假以時日，我們可以讀取自己的紀錄，但也有很多人會去找執業靈媒為他們調閱檔案。無論如何，記住這點，靈媒只有在你的允許下才能讀取你的檔案。沒有人可以不受限制地取得這些紀錄。

當我檢視別人的檔案時，我能夠清楚看見他們同意要完成的天職。比如說，如果一個年輕女子同意了今生要當護士，我會看到她的護士道路。如果她偏離了原定的路，我不會告訴她該怎麼做，而是提醒她，她曾答應要做的事。對於我解讀的人們來說，那些話從不會是毫無關聯，因為每個人的靈魂已經知道他們為什麼在這個世上。有時候他們只是需要從潛意識把這個靈魂記憶帶到意識層面。同樣的，我也可以查看他們跟配偶、朋友、同事或老闆的關係，尤其如果其中有哪個關係對他們沒有靈性上的幫助時，我能夠告訴他們這段關係的原因。我會看那段令人煩惱的關係是否是跟他們前世就認識的人。如果是的話，我會告訴他們跟這個人的業是否尚未完成，或如果事實上已經完成，他們便可以自由往前邁進。

你們可以看得出，阿卡西紀錄不只是靈媒的工具，它也是我們在此的使命是被神性支持的又一個證明。

卡麗也解釋過我們的每一世都有個目標。我們跟神性源頭有正式的協議——一份合約——要努力於前世自己沒有做對的方面。根據靈魂的規則，我們來此的原因之一是要學習跟前世經驗相關的特定課題。這些課題是為了幫助我們更接近開悟。當然，開悟的意思是指我們終於與上帝融合為一體。我們體驗到上帝——一切的源頭——是無條件的愛。這個愛在我們心裡，在我們四周，我們不只用我們的五感，也用心和靈魂去感受和體驗。

卡麗也告訴我，我們的每次人生都會來到跟某前世有互動的同一群人身邊。為了達到開悟的目標，我們再度來此完成跟許多人的「施與受帳戶」。這些跟我們一起投生來此的人統稱為我們的靈魂群組。卡麗說得很清楚，我們靈魂群組裡的每一個人在投胎前便選擇跟我們生活在一起，以便幫助我們學習指定的課題，或是我們幫助他們學習他們的課題。

這自然就能解釋我在第一章提到的，安東尼和我兒子約瑟夫的有趣關係，以及安東尼和我的關係。我先前在安東尼的前世回溯並未提到這段更有趣的事；他重訪了跟我一起的那個前世。我在那時是他的房東，但不僅如此……我們在那世也是情侶，很顯然我們今生住在同一個屋簷下是注定的了。你們前面已經看到，在後面章節也會繼續看到，安東尼在實現他今生的角色。他是我靈魂群組的主要成員，每天都在幫助我達成我的目標。沒有他持續的愛、耐心與支持，我絕對無法做我現在所做的事。我的丈夫不僅非常顧家，他讓我實現了我想成為妻子和母親的人生目標，而且也默默並持續幫助我實現連結人們與靈界摯愛親友的目標。除了是罕見的夢遊者並願意配合我做前世回溯之外，將近二十年來，每當有人打電話來預約解讀，安東尼是最常接電話的人。當來電預約者得知等候名單有多長時，是安東尼親切的態度讓很多人保持冷靜並抱著希望。是他的規劃和調整，使得最迫切需要解讀的人能得到安慰——失去孩子的父母總是會得到特別的照顧。此外，他還是義消和紐約市遊民服務部門裡孜孜不倦的泥水匠，這也意味了我們在啟迪、提振心靈和療癒他人上有共同的靈魂目標。

卡麗除了告訴我每次人世的目標是要提升靈性，讓靈魂進步，好讓我們有天能達到開悟，她也跟我解釋，神性源頭讓每個人都有協助的資源可以達成那個目標。如先前所提，我們每個人都有屬於自己特別的指導靈，就像安東尼有卡麗一樣。而除了我們的靈魂群組外，我們還有一群天使、教導靈或幫手、大師指導靈和已升天的大師幫助我們。

我在這裡附上我被告知的細節。

你個人的一組人生教練

指導靈：這是從一出生就指派給我們每個人的特別指導靈，他們會跟著我們一生。其他的指導靈被稱為幫手指導靈，他們在不同的時間加入，輔助主要指導靈的工作。為了更能理解這點，請回想一下我們在學校是如何接受教導。教我們大學課程的不會是幼稚園老師，這絕對有它的原因。隨著成長，我們會需要專家或對某個特殊領域有更高深知識的人協助進階的學習。譬如說，也許你近來對高爾夫球的興趣大增，揮桿的進步到了一定程度，你覺得打高爾夫球可以不僅僅是個嗜好，那麼一位已逝的運動迷（生前一有空閒就打球的人），一個資深的球僮，或曾是高爾夫球職業選手的靈魂，可能就會是來自「另一邊」的幫手或教導靈。事情就是這樣運作。所有的指導靈和幫手先前都曾經有過人類生命。有過人世的體驗很重要，這樣他們才能幫助你走過情緒波折，並幫助你達成目標。雖然他們也有可能是已故的親人，但通常會是沒有親屬關係，但有共同興趣和才華，並且過去也有跟你類似機會或挑戰的靈魂，這樣才能給你有效的忠告。

即使你的指導靈不見得前世跟你一起生活過，跟指導靈的結盟會很自然發生。這很像走進一間書店，你可能不知道想找哪個作者的書，但你會被感興趣的主題吸引，因此自然地就找到那本能滿足你興趣的書。

天使：這些住在天堂的特別存在體是真的。大多數照顧我們的天使被稱為守護天使，祂們由更高階的大天使統管。祂們是不是飄浮在雲上彈著豎琴？不是。但我可以告訴你，祂們的確有美麗的天使翅膀。不只卡麗這麼告訴過我，透過我的工作和我對瀕死經驗的研究，我發現很多瀕死後活過來的人都回報同樣的事——看到有著壯觀翅膀的天使降臨。

當我們痛苦或面臨危難時，天使也會以人類形式出現並幫助我們。我們都曾聽過這些故事：不知從哪裡冒出來的陌生人把駕駛者從燃燒的車子裡拉了出來，或是從當下的危險情勢解救了一個小孩，然後跟出現時一樣地神祕消失。不過，儘管祂們偶爾會以人類形式出現，天使從不曾投生在人間。祂們是上帝專為天堂創造的種族，是為了幫助許多不同宇宙裡需要幫助的生命。這些天國的靈性存有的力量與智慧都超越人類，因為祂們是由較高頻振的純粹的光所組成。

有關天使最令人不可思議的，就是每個或大或小的情況至少都會有一個天使處理。有負責世界和平工作的天使，也有的天使的主要目的是幫你找到停車位。如果你想要生活裡有喜悅，只要請求喜樂的天使帶給你。真的，天使是要幫助你滿足你所有需求——**但除非你請求，否則祂們無法協助**。祂們不能干涉你的自由意志。所有的天使和指導靈都必須遵守這條指導原則。然而，由於我們不斷在跟他人的自由意志互動，並不是只運用自己的自由意志，有時別人的自由意志也可能會改變你的人生目標。這時候這個法則就可以有例外——天使可以為了你介入。如我先前所說的，其他情況也會有例外。比如說，如果碰到危及生命的險境，有可能在原訂的壽命終了前死亡，我們的天使便會被授予拯救我們的特別許可。

我們都聽過不可思議的故事，有人因交通狀況而被奇怪延誤，或是因為一通電話使他們無法在特定時間抵達特定地點，但卻因此逃過死劫，這些肯定是天使的傑作。

大師指導靈：這些老靈魂已經進展到非常高階。他們靈魂的成長已經通過精準考核。在他們身為人類的轉世期間，他們對人類存在的瞭解已深入到他們的理解就可稱得上是智慧的程度了。他們的存在是為了啟發和服務所有人類，而不只是幫助個體。泰瑞莎修女、甘地和馬丁．路德，就是這些非常進化的教導靈的絕佳例子。

已升天的大師：耶穌、佛陀和其他開悟者都是揚升大師的例子。這些靈魂不僅教導愛的概念，他們本身也就是愛。這些已開悟的存在體是最高階的教導靈——他們會幫助我們與無限更調諧，讓我們更有信心並了解萬物的源頭——神。

我是靈媒，所以我可以看見你們有些人臉上露出了困惑表情。你們會認為這部分實在好得令人難以置信。有個愛的源頭不想讓我覺得孤單或是與別人分離？有個強大的存在體在每個關口提供我協助——我只要要求就可以了？靈魂真的能看到全局，而且願意跟我分享？今生在我生命出現的人，都是注定在這裡幫助我學習重要的課題？金怎麼能這麼肯定？

我懂。二十年前我也問過同樣的問題。但看看我約會那幾年的事吧。我常常在想，為什麼鬼魂在那段時間沒來找我？這不只是巧合，從來都不是。而如果你跟我一樣，你也會相信天下絕沒有所謂的巧合。

我現在了解，除了被我忽略的直覺，我也忽略了事後才知道存在的守護天使，還有看顧著我的指導靈。因為這些指導靈也曾經當過人，他們了解青少年晚期和二十出頭是我們性格形成的時候——在這段瘋狂的時期，我們開始思考這輩子要做什麼，跟誰一起做？這些年我們不怎麼聽別人的意見，因為我們必須自己把這個重要拼圖組合起來。還記得卡麗提到的自由意志的規則嗎？沒有人可以干預。不可以。雖然我的指導靈很清楚我今生的天命——在我來到人間前就簽下的合約——我還是必須自己重新找到這些目標。

在我心靈深處，我知道我人生的使命之一是要成為一個好妻子和好母親。在我發現誰是，誰不是那個幫我完成這個使命的正確人選之前，任何會令人分心的事都可能讓我走錯路，尤其又是在指導靈不能干預的情況下。因此我認為他們暫時驅離了那些鬼魂。他們不希望我的注意力被分散而走上不同的道路。我相信他們為了讓我遇見安東尼，也引導我去一個我很少會去的地方。他們在幕後指引我，雖然不能幫我做決定，但他們當然可以推我一把，讓我往能夠找到靈魂伴侶和靈魂目標的方向前進。

而現在，在為成千上萬人通靈後，我可以告訴你們，每個跟我說過話的靈魂都某方面證實了卡麗跟我說過的事。而且我並不是唯一被賜予這個神性網絡協助的人。我親眼見過我們不僅有人間直系和延伸的靈魂群組的幫助，還有來自指導靈、天使、大師指導靈和已揚升大師的協助。我的節目《重訪靈異現場》也提供了證據，有些人曾受到被困人間靈魂的幫助，即使方式迂迴。

想想發生在作家和喜劇演員湯姆．格林（Tom Green）身上的事。如果你看過他那集，你就知道他以前很懷疑鬼存在的真實性，他在大學曾著手寫一篇揭穿校園附近博物館鬧鬼的文章。當然，他的研究內容包括在「博物館待上一夜」，沒想到卻因此有預料外的發展。我們在那集回到他經歷超自然事件的地點，一起發現了不少事情，但關於湯姆遇到鬼的部份，在我腦海一直揮之不去的，便是湯姆大學時遇到的那位好心靈魂，他事實上在事後跟著湯姆很長一段時間。我希望你沒錯過湯姆曾簡短提到，多年後在哥斯大黎加發生可怕意外的那段故事，那個幫助他的人不知從哪兒突然冒了出來。會不會是留在這個世界的某個靈魂，因生前非常認真擔任保護者的角色，而在湯姆最需要援助時，提供了協助？湯姆那天在海灘遇到了守護天使嗎？一再聽到這類故事，證實了卡麗曾告訴我的——我們絕對不孤單。如果我們保持開放的心胸，確實可以在這趟生命旅程獲得許多協助。

第六章　天堂是怎麼回事

那些天堂教我的事

你們現在應該已經知道，我向來跟凌晨有著奇怪的關係，即使我有很長一段時間沒聽到鬼魂的聲音，在生養孩子的那些年，我還是很難一覺到天亮。我的大兒子尼可拉斯出生後有嚴重的腸絞痛，幾乎有一整年每天一直哭。我和安東尼都沒辦法安撫他。如果尼可拉斯很晚不睡，我也一樣。

後來是艾琳姑姑來訪才紓解了尼可拉斯的痛苦。你們還記得艾琳姑姑是我父親的姊姊，小時候睡到半夜會起來跟天使說話的那位？這麼多年來，我們聽到很多她施行的驚人醫療奇蹟，其中一個有充份證據的，便是療癒她自己兒子丹尼爾的故事。

丹尼爾騎摩托車出了車禍，腿部受重傷，後來開始有壞疽的現象。醫生說除了截肢，別無他法。丹尼爾打電話給我姑姑，她馬上趕過去。當她抵達醫院時，我堂哥因服了很多藥正在睡覺，醒來時他感覺像是有好幾個人同時把他的腿拉往不同方向。他看到他母親站在床邊，他問：「媽，妳在做什麼？」他以為是她讓他那麼痛苦不堪。當然是，只不過她一根手指都沒碰到他。顯然她呼叫了特別的靈界醫生為他當場進行某種手術。她告訴丹尼爾，雖然他看不到這些靈魂，但他們在調整他的肌肉和血管，努力排出毒素。

隔天早上她說的話便得到了證實。醫院的醫生對我堂哥一夜之間的康復非常震驚，壞疽沒了，他們怎麼也找不到能夠解釋壞疽消失的原因。

當艾琳姑姑來家裡小住時，她聽到尼可拉斯因為腸絞痛在哭鬧，她問我是否可以讓她幫他。老實說，我覺得她的方法很神秘，但我因為缺乏睡眠，已經精神恍惚，精疲力竭了。我心想：「如果她有辦法治好她兒子，或許也能幫上我兒子。」我同意了。她要我和我母親離開房間，憂心的我從半掩的門看到她專心在尼可拉斯的頭頂禱告。足足五分鐘之後，哭鬧聲突然停了。沒了，沒有任何啜泣和抽噎聲，只是一片寂靜。你們知道在那之後，尼可拉斯就像她說的，睡了整整兩天嗎？她告訴我們：「不要叫醒他餵他東西，只在他自己醒來時再餵。」尼可拉斯哭了那麼多個月，顯然需要好好睡一覺補充體力。直到今天，他都是睡得很沉的人，我真的非常感激她的幫忙。

尼可拉斯的腸絞痛雖然治癒了，但我仍然是夜貓子，我想就是那時養成的習慣。後來約瑟夫出生，接著是小安東尼。儘管有一屋子精力無窮的小男孩天天大清早就會起床，但我太喜歡跟卡麗說話，很多個晚上都跟她聊到深夜。我們的談話對於我能正確客觀地全面看待事情有很大幫助。

其中較有趣的一段談話是關於靈魂在我們身體死後會是什麼情形。同樣地，我認為她分享這些觀點是為了我最終能與世界分享。因此以下就是她所說的內容。

靈魂在肉體死後的精彩旅程

卡麗告訴我的，比我在這裡轉述得更詳細，她說我們的指導靈會協助我們上升到光裡。在上升時，會有一道璀璨壯麗的光包圍我們並灌注我們大量知識。當接近星光層時，比我們早逝的摯愛親友會來迎接。天堂有很多房間，我聽到這裡很開心，因為這跟耶穌在約翰福音十四章第二節對門徒所說的一致：「在我天父的家裡有許多住處，如果沒有，我會告訴你們我去是要為你們準備居住的地方嗎？」

卡麗接著告訴我，我們會依個人的需求被帶到其中一個空間。因長期疾病或暴力致死的人，因為經歷了深刻的創傷，他們的心靈會因這樣的經驗而留下傷痕。這些靈魂通常會先去休息的地方，他們可以在那裡休養到復原為止。我們可以把這個地方想成是靈魂的療養所或醫院。

請記得，即使靈魂從這世的創傷中復原，仍會帶著那個創傷的記憶到接續的人世。靈魂具有每次人世所有記憶的印記，還有歷經歲月所習得的智慧。

如果抵達天堂時我們的靈魂完好無損，我們會來到一個房間回顧剛離開的這世。我們會察覺到曾接觸過的每個人跟我們有關的想法、情緒和感受。沒錯，我們會感受到自己說過的每句話、每個行為或思想對這些人的衝擊，不論這衝擊或影響是好或壞，我們會感受到跟那些人一樣的感受。起先我不了解這點，後來卡麗提醒，在那個次元並沒有時間或空間的概念，因此我們可以在瞬間吸收並處理相當於一世的資訊。我想這有點像是速讀自己的阿卡西紀錄。

來談談干預吧！經過公平和誠實評估我們的人世經驗後，我們會知道靈魂需要在哪方面努力。一切都會總歸到：**你的靈魂在最近這世學到了什麼？你是傾向於恐懼？還是你更接近了愛？**因為愛就是開悟，我們的終極目標就是要學習無條件地去愛，沒有批判、沒有小我。透過我們剛發展出的覺知，我們自然會了解為了貢獻和回饋眾生利益，我們需要怎麼做——**愛你的鄰人如你自己**。因為我們都是透過宇宙的DNA相繫。我們都來自同樣的源頭，同樣的光。

經由跟一組長老靈魂合作並回顧在世時的事件，我們決定下一次提升靈魂時的任務：我們是要擔任仍在地球為相同問題奮鬥的人的指導靈——透過幫助他人，我們也因此學習？還是要休息到新的靈魂群組形成，然後回到人間處理我們特定的人生課題和目標，希望這次可以做得更好？

卡麗也解釋，下次重回人間時，我們不只選擇想共同居住的靈魂群組的成員以及要專注的課題，如她先前所說，我們也會選擇住在哪裡，我們的社經地位，還有很多相關細節。

試圖理解這一切

卡麗最後這部分的教導讓我沉默了片刻，因為，就如我告訴過你們的，我真的是個懷疑論者。我必須把事情拆解開來，才能完全瞭解。我可以明白我為什麼會選擇我的家人。我們在一起過得很開心，尤其在成長期間，家裡充滿了歡笑。在很多方面，我們真的是活在美國夢裡。我父母的生活步向富裕，他們決心要為我們創造更好的生活，而且也辦到了。他們每一步都成功改善了我們的環境，讓我們在教育和身心方面得以有許多優勢。但我先生呢？這個說法對他也成立嗎？我們都知道他一出生就被送去領養中心。

安東尼的人生很坎坷，難以想像他的靈魂會主動選擇這樣的早年生活。他被領養的事直到他成年都是秘密。他尋找生母和發現自己被領養細節的每一步，我都陪在他身邊。他大方地讓我在此分享他的故事，因為這可以說明一些重要的人生課題。

根據領養中心的資料，他的生母在非常年輕時便因遭遇巨大創傷而接受過電療法。我們見到她的那晚，她看起來很困惑。她不確定我們是誰，也不知道我們是怎麼找到她的。她住在幫助自立的女子中途之家，這裡有公用衛浴和廚房。她的房東非常保護房客的隱私和福祉，所有打來的電話都經過這位房東過濾，因此連要確定我們是不是找對了地方都很困難，但我們堅持到房東終於肯把電話轉過去，才約到了見面。

我和安東尼抵達後，先帶她去喝咖啡和用餐。我們要談的並不是輕鬆的話題，因此我們想盡可能地讓她覺得舒服自在。當她終於開口時，她的第一句話是：「我希望你不要認為我做錯了，我這麼做是因為我認為這樣對你最好。如果我把你留在身邊，你會成了受氣包。我這麼做是想給你比較好的生活，我真的希望你擁有比我能給你的更好人生。」

剛開始的生活的確是比較好，安東尼的寄養父母很有愛心，他們關心、照顧他、給他名字、身分和一個充滿愛的家。可是在那個年代，如果有自己親生的孩子就不能領養小孩，只能照顧他直到他有個永久的家。當安東尼兩歲時，寄養中心幫他找到了那個永久的家。他必須離開他喜愛的寄養家人，搬到新家去。不久後，他開始叫另一個人「媽媽」。他也必須適應他的新名字，他從出生就是叫約瑟夫，現在必須要回應安東尼這個名字。他被帶回家後，被安置在三樓的臥室，那裡跟其他的房間分開，而且採光不好。很多個晚上他都在黑暗裡哭喊他唯一認識的媽媽——他寄養家庭的母親。

正式領養他的那個母親要忙的事很多，尤其家裡人口越來越多後更忙。安東尼所有兄弟姊妹的童年都過得很辛苦，其中一個還因青少年糖尿病而產生併發症，還有一個跟安東尼一樣，在那裡住了很多年都不知道自己是被領養的。要說他們家充滿壓抑的痛苦和焦慮情緒還只是保守的說法。雖然安東尼是個好孩子，在他十七歲那年，他父母要求他搬出去，只說了一個很牽強的藉口，認為這樣較好。他當時沒地方去，只好先住在自己的車子裡。他後來發現真正的理由是為了讓另一個人搬回來——他父母需要他那間睡房。

當然，許多像安東尼一樣生活艱困的人也存活下來了，我只是無法理解，為什麼會有人選擇這樣的情境。

我越是思考他的人生自此後的發展，就越覺得有它的道理。我開始分析現在在他身邊的靈魂群組。我們都是他選擇的人。我想到他是如何從人生的起點走到這裡。這讓我很好奇他在天堂回顧前一世的時候，學到的是什麼課題。

我開始在他這一生看到一個模式，我懷疑他是不是同意了要學習「遺棄」這個主題。我問卡麗：「說不定在某層面他簽這個合約是為了從這個體驗學到更重要、更有價值的事？說不定，就像許多人覺得自己一再被遺棄，他需要領悟他所尋找的愛並不在別人身上，而是在他自己心裡？」從別人身上尋找愛不會讓他找到他的靈魂使命，他也不會因此找到自愛。「也許這是一個學習如何滋養自己的重要課題？」一旦我們愛自己，我們就會吸引會愛我們，也會滋養我們的人進入生命裡。這純粹是吸引力法則。卡麗給了我鼓勵，因此我認為這個想法是正確的。

我繼續沿線思考。領養小孩在我家族很普遍，我想到母親那邊的兩位表姊妹。當我阿姨發現無法生育時，她領養了兩個小女孩。一個來自哥倫比亞的波哥大，另一個來自美國佛州。這兩個女孩的性格南轅北轍，但她們發展出最棒的姊妹情。她們很親，你會瞭解為什麼她們會被吸引到同一個家庭，而且明白出生的血緣真的不重要。我開始想，也許安東尼的生母只是帶他來到這裡的工具。也許她這一世只是要體驗創造或分娩。不論是什麼原因，也許她擔心沒有能力或無法養活和照顧他長大，因此她的靈魂跟安東尼和他的生父達成某種協議，她會盡力帶安東尼來到這個世界。也許她只是說：「喔，我會帶你到那裡，但我只能為幫你做到這樣了，夥伴。」

至於他的養母，我很相信她這輩子的課題是要來學習無條件的愛，而那些特定的小孩同意來教導她這個課題。這帶出了天堂課程的兩個重點：

第一個重點：我們其實都是一個大家庭——我們來自神性源頭，那是我們根本的父／母。我們選擇了人世的父母和他們可能教導我們的智慧，也或者我們只是選擇了他們把我們帶到這個世上。我們是透過天上議會的協助，設定自己的靈魂使命，因此我們在此的目的是靈性與神聖的，而非基因決定。當你們能瞭解這點，就比較能避免受害者心態和這樣的問題：「為什麼是我？」如果你腦裡有這個想法，往內挖掘，然後問：「我在投生來這裡前，為什麼會做這個選擇？這是要教導我什麼？我要從這一切學到什麼？」好消息是，一旦我們學會了這個課題，就可以進展到下一題。透過學習，我們才能真正自由地往前邁進。

第二個重點是，儘管你可能相信你在這裡是教導孩子，但靈魂無年齡之分，所以非常可能你的小孩加入你的靈魂群組是為了來教導你。我不用從卡麗那裡知道這點，我在通靈諮詢時已經見證無數次了。

這對那些在任一方面反抗規範的孩子來說尤其如此。譬如，有學習差異、健康問題或不同性向的小孩，通常出生在那個家庭是為了教導父母關於接納和無條件的愛的寶貴課題。這些靈魂通常是來教父母放下他們對孩子「應該」要怎樣才能融入社會的預設想法。這些孩子很多都是較進化的靈魂，他們的使命事實上是來教導。

孩子的說服力

我很喜歡在通靈時遇到等著要出生的靈魂。看到這些手足商量著出生順序，對我來說是很獨特的喜悅和榮幸。當我為一位即將生產的女子進行通靈解讀，通常會看到幾個注定要成為她小孩的靈魂在協商。譬如，若有個男孩和女孩選了她做母親，在受胎懷孕時，兩個都會在附近盤旋，討論誰要先。他們會彼此對望並說：「你想先去嗎？還是你要我先？」我看到這種事的次數比你們以為的還多。

有時候我會看到兩個靈魂決定一起出生，我無法總是確定他們會是雙胞胎，還是像「愛爾蘭雙胞胎」那樣在一年內先後出生。這兩個靈魂做了約定，因為他們覺得這世需要以整體而非個體靈魂的身分生活。他們若不是來幫助彼此，就是要為那個家庭提供雙倍的支持。他們不想沒有彼此的生活，通常是因為他們相信兩人一組更能完成使命。

有時候其中一個小孩會打退堂鼓，但他們總會找到方式一起。我是從個人的經驗得知這點。早在我懷孕前，我跟我母親說：「媽，如果我以後生了兒子，很好，但我無法想像自己一輩子沒有女兒。」我母親可不太肯定。「我不知道喔，金，我看不出妳會有女兒。」記得，我母親可也是有心靈天賦的傾向，所以我必須要確認。「妳是在開玩笑吧？我天生就要有女兒的，我的靈魂需要個女兒呀！」並不是因為我想用花邊衣服打扮她，而是我覺得如果生命裡沒有女兒就不夠完整。或許是因為我想要跟她的關係就像我跟我母親般親近吧。

後來，我生了尼可拉斯和約瑟夫，等到第三次懷孕時，我相信就是這次了，這次一定是女兒。我和安東尼以前雖然討論過要生四個，但後來我們決定這會是最後一胎。因為我們有龐大的房貸，他當時也已經做兩份工作，若是養三個小孩還過得去。就在我懷孕五個多月時，我去做血液檢查，醫生對我說：「金，妳必須回來做超音波。別緊張，這很平常。妳的血液檢查報告不理想，很多時候我們收到的報告並不正確，但為保險起見，我們要再檢查一次。」當我做超音波時，技術人員花了很長的時間看著螢幕，她離開房間後，我對我先生說：「事情不對勁。不是嬰兒死了就是有嚴重的併發症。」安東尼很震驚。「妳怎麼會這麼說？」沒錯，我的預感很準，我的胎兒兩周前死了。我們不知道胎兒的性別，因為當胎兒死在子宮，性徵便會縮回身體裡。手術過後，我陷入很深的憂鬱，我很悲傷，晚上無法入眠，我因此會坐到沙發，免得打擾到安東尼。那是我人生最悲痛的時期。在流產手術後的追蹤看診時，醫生告訴我：「金，好消息，妳又懷孕了。」我愣住了，我雖然可以告訴你們我另兩個孩子的受孕時間，但這個我卻沒辦法，因為我到現在仍覺得是個謎。順帶一提，我的小兒子九個月後出生。小安東尼出生時，兩個拳頭握在臉前，好像是跟世界打了一場拳賽才得以出世。他重十磅二盎司，看起來就是我先生的翻版。

我現在要告訴你們，在他出生後，我去見過的每一個靈媒都談到我女兒，有的人提到她時，就好像她是活著的。我通常不會打斷他們，因為我想聽聽他們說什麼。我曾問第一個靈媒我女兒的長相。聽到她描述是黑色長髮、高頰骨、橄欖色皮膚，我好震驚，因為那正是我一直想像她的樣子——那是我和我先生兩人完美組合的樣貌。但最驚人的是，當我問到她的名字時，她說：「亞歷珊卓。」就是這個名字！我訝異得說不出話，開始歇斯底里地哭了起來，雖然我自己也是靈媒，我真的不該這麼驚訝才對。

「我想知道妳是怎麼知道的。」我說：「我的胎兒死了，我沒有女兒，不過我一直都知道是個女生，而且她的名字會叫亞歷珊卓。我一直很愛這個名字。」這個靈媒說：「金，妳知道我是怎麼知道的。妳的確有個女兒，所以我才會看到。這就是我看到的。」

每個靈媒，包括這位，都跟我說我女兒跟我的小兒子關係密切，「這個兒子的名字縮寫是A。」我可以想像發生了什麼事。兩個靈魂發現媽咪生了第三胎之後就不會再生了，於是其中一個對另一個說：「聽著，我要進去，你這次就不要來了。你可以在幕後幫我們，如果你想的話。但我要去，就這樣。」我相信小安東尼就是這麼成為我兒子，亞歷珊卓就這樣被踢出去了……或者我應該說，她優雅地退讓了。因為靈界也跟我們人間一樣行使自由意志。

如果你們覺得這一切聽起來很瘋狂，知道我兒子小安東尼會有助你們瞭解。他出世時雙手緊握，像是打拳的姿態，我們看到就曾開玩笑說，我們若不是需要準備一筆大學基金（因為他看起來就像是會唸法律當個律師），要不然就是會在他奪得拳賽冠軍時，拿到一大筆獎金。從這個小孩會說話的那刻起，所有的事都得按照他的意思，不然免談。他不只是意志堅定的靈魂，還是個老靈魂。他很可能就是用倚老賣老的態度對待亞歷珊卓，因為他顯然是佔到了優勢。他甚至在還很小的時候，就使用別的年代的字句。有一次我問他是怎麼知道那些措辭的，那真的不是一個五歲小孩會用的字。他說：「我是怎麼知道的？妳是什麼意思？妳知道這不是我第一次出生啊。」當我追問更多細節時，他說：「記得我是個大人的時候嗎？」小安東尼向來都知道他需要什麼，顯然他需要在這時候來到人間。但儘管他插了隊，亞歷珊卓的靈魂似乎仍緊跟著他。她退出好讓他出生，如果我相信靈媒說的，還有我每次想到他們倆時的感覺，那麼她依然在看顧著他。就如第一位靈媒告訴我的，小安東尼的指導靈是他姊姊。

他在我生命裡是要教我什麼事？至目前為止，在他教我的眾多課題中，有一個很適合在本書提到，那就是他一直提醒我，要更勇敢無懼。

靈魂合約：終生合約還是短期合約

有些靈魂選擇的合約內容令人困惑，但也許是因為對靈魂長期成長的目的不那麼明顯。舉例來說，很多局外人看到某人處在辛苦或緊繃的關係裡，可能會納悶為什麼會有人預先選擇這樣的處境。依我跟卡麗的談話，我只能說，我們並不知道他們的合約條款，也不知道他們今生來此學習的功課。雖然我不喜歡看到別人掙扎或沒有活在最理想的狀態，然而，或許有人在另一世改變了另一個人的生活，而受惠者同意以這世的某部分時間陪伴來作回報。理由可能簡單如「當我們在一起的時候，我要學習耐心、同理心和說話的藝術，而你也會透過我學習同樣的事。」在這樣的情況，如果你親愛的人不願意離開跟老闆、室友、朋友或配偶的失敗關係，你可以做最後努力，要他／她檢視之所以撐下去的理由。

你可以鼓勵他／她誠實看看自己的動機。儘管關係中有很多挑戰，這個關係是否仍然能夠幫助他或對方成長？還是他／她是因為不敢往前跨入未知的領域，因此延長了合約，遠超出了原有的責任期？如果在一起探討這些可能性之後，他／她還是堅持要留在這段關係裡，顯然這個人尚未準備好毀約。你可以盡量表達你的感受，但如果他們的共同合約還沒到期，你再怎麼費盡唇舌說到面紅耳赤也沒用。這兩個靈魂需要花上一定的時間來處理他們的共同目標，至少要到其中一個瞭解了課題，並準備好進展到下個課題為止。旁人看到這段不舒服的關係，可能會覺得辛苦，不幸的是，合約未到期前，他們的關係不會結束。就如俗話所說，胖女士還沒出來唱歌，戲還沒演完；總之，你們明白我的意思就好。

有些人看到亞歷珊卓退出，提前結束了她的靈魂合約，好讓小安東尼能加入我們的決定時，可能會聯想到那些從自己的人生退出，或是合約的生命期很短暫的人。這些死亡很難令人平心接受。尤其是對失去孩子的父母，因為父母理應比兒女先走。

在歌手文斯・尼爾（Vince Neil）參加《重訪靈異現場》的那集裡，他說得很貼切。他很愛他女兒，很難理解為什麼她非得這麼早逝。答案也許只有她和她的指導靈才知道，但顯然，她在人間短短的時日留下了強烈的影響。愛是一個人所能給予和接受的最大禮物。我跟文斯那次的錄影，明顯感受到他們給彼此許多的愛，至今仍是。我相信她現在是他的守護靈，要幫助他完成他的人間使命。她的精神一直與他同在，並會持續看顧著他，直到他們再聚。

另一個提早結束靈魂合約，又讓人難以理解的做法就是自殺。就我從通靈所收集到的資料，這是用很不同的方式來終止合約。許多因憂鬱症或躁鬱症而結束自己生命的人告訴我：「我不用對這個自殺負責。」他們解釋，這跟因為沒進行化療而死於癌症的人一樣，這些人可能不知道正確的療法，或沒有及時得到治療，或因為身體化學物質的不平衡造成超乎他們能控制的事發生。

我常在想，不知道這些體內物質的不平衡，是否跟克服這個挑戰的方法，都一起寫在他們的靈魂合約裡了。我想，對有些人來說，痛苦已遠超過他們所能忍受。我也在想，他們提前離世的選擇是不是寫在靈魂合約上。雖然我問過這些問題，但答案並不總是很清楚，因為出生前的決定，以及自由意志會引導一個人在當下怎麼做，這兩者間有很細微的差異。

我後來接受了有些事可能要等到自己到了死後的世界才會知道。無論如何，我所遇到的每個有意識逃避靈魂功課而自我了斷的生命，都告訴我同樣的話：「我很後悔這麼做。如果可以，我會收回這樣的決定。」在這些例子裡，他們都一致地說，他們在人間需要處理的情緒問題也跟著他們進入了死後世界。他們無法逃避，也沒有捷徑可走。我們每個人都必須做該做的功課，就是這麼簡單。

我永遠忘不了有一次我為一位孩子自殺的母親通靈，這個案例就將這點闡述得很清楚。這位女士的女兒跟她男友約好一起自殺。他得了絕症，不想再受苦，而她是因為不想過沒有他的人生。通靈時，這個女兒的亡魂告訴我，她真的不該這麼做。那是她男友的靈魂出口，但不是她的。她因為情緒上依賴男友而沒履行自己的人生合約，結果，她最後還是沒能跟他在一起。她母親問：「為什麼沒有？」她說：「因為我們在人間是兩條不同的路，在天堂也不同。他離世的時間已寫在他的人生表上，所以他是走他該走的路。但我選的離世時間並沒寫在我的表上。」她解釋，她現在必須修正這個錯誤。

她形容這個過程有點像在學校拿密集課程。她說她必須上加倍的課。她當時面臨的問題是：「我要馬上回到人間嗎？」還是「我要在靈界學習這個功課？」但她說她領悟到一件事，男友當時妨礙了她學習自己的課題。她說：「也許這是他需要離開的原因之一，而我需要學習如何獨立，但我卻決定我不要獨立，要跟他一起走。」聖靈告訴她：「他需要離開的原因之一是這樣妳的靈魂才會成長。妳在人世沒有成長，現在必須用另一種方式了。」她最後很可能會選擇做為有同樣依賴問題的人的指導靈，她也能因此學習。

如你們所見，靈魂合約可能是我們每個人都必須遵守的最重要協議了。

你在協議裡的角色

你們讀這個章節時，是不是會忍不住看看那些在你們生命裡的人，想知道你們要怎麼為彼此效力——他們如何幫助你實現你的人生目標，或你要如何協助他們完成他們的目標？有這個想法是很本能的反應。

這裡有個小練習可以幫你們思索這些問題。這個練習不是設計來讓你計分做比較。而是希望你能跟經常互動的人開啟一個嶄新且更好的溝通管道，好讓你們都在人生預定的軌道。做這個練習甚至可以幫助你在面對具挑戰性的互動時，獲得新的體認，因為他們可能只是在做他們該做的事！這個練習可能會花上你好幾天的時間觀察和思考，但我相信是值得的。

列出名單，寫下你人生中每個重要的人

- 從你的原生家庭開始——你的父母、祖父母和兄弟姊妹。再加上繼父母和繼兄弟姊妹，或是被領養的兄弟姊妹，如果有的話。

• 現在想想你的伴侶或配偶。你的兒女或孫子女，如果有。你甚至可以加上你的公婆／岳父母和姻親，你的女婿和媳婦也應該在名單上。
• 如果你的前夫或前妻跟他／她們的現任有共同撫養的子女，或你需跟他們持續往來，也請列出來。還有他們的繼子女，如果有的話。
• 過去和現在的親近友人。
• 曾影響過你人生的鄰居、同事、老闆、老師、神職人員或人生導師。
• 還有那些可能不容易歸入以上類別，但曾造成任何影響的人，不論是正面或負面影響。

在每個人名旁邊，寫下一些最能描述你們關係的形容詞。如果關係難得或不太尋常，記下你們相遇時的情況。你們是立刻有火花嗎？還是慢慢建立起來的？你們必須要贏取彼此的信賴嗎？

接著，記下你對每個人能量的感覺。你和這些人認識當時，他們引發你怎樣的情緒？現在又引發怎樣的情緒？你們的關係有進步嗎？還是對你來說，這些人一直是人生的靠山，可以信賴？如果這個關係有進步，你們分別在哪方面成長了？如果關係一直很穩定，你向來最倚賴的是什麼特質或性格？

如果他們會激怒你，令你生氣，或讓你心煩，回想一下，他們究竟說了或做了什麼引發你這種反應？這個引發的反應是跟你個人還是他們比較有關？仔細想想這個問題，這可能顯示出你或他們今生要處理的議題。

在最後兩欄，寫下他們曾為你做的所有重要的事，以及你為他們做的所有重要事情。他們對你的期望和你對他們的期望是什麼？他們提供的協助是比較能實現你的需要，還是實現他們的需要多些？還是你們雙方的需要？再次重複，記得，這不是計分卡；我不相信有條件的愛。但這是一種找出在你生命中，誰是幫助你更能完成你的使命，以及誰需要你的幫助來完成他們使命的方式。當然，會有一些人在你生命裡是為了彼此的成長，你們在一起是為了共同的利益。記得要盡可能對自己誠實。「清點」生命中的這些人如何對待你時，要保持客觀並不容易。如果你經常會覺得自己是別人動機和行為下的受害者，那你最好請一位也認識這些人的可靠友人或家人來跟你一起檢視這張清單，請他們也提供觀點。

這張表格完成後，你應該會開始看到一些模式，這能夠增加你的敏感度並了解自己和身邊的人的人生使命。當看到你人生中的付出與接受，即使是不平衡的關係，你都能決定要在哪裡更加努力。你能夠看到讓每個關係最佳化的方式，讓雙方都能實現人生中更大的目標。這個方法很符合常識，它也可以發展你對身邊人的直覺。就像所有的直覺一樣，這是用心和其他感官來覺察。我們不是每天都有時間這麼做，但每隔一段時間做一次，能夠幫助我們大家保持在正軌。

第二部

實際應用

第七章　覺醒

靈魂溝通的各種方式

在小安東尼過完一歲生日的某天，就像水壩決堤似的，水門大開，一波波靈魂又回來了。這次他們來得比以前更猛。

如果我的理論沒錯，我的指導靈已為我擋住他們夠久的時間，以便讓我完成靈魂合約條款之一：建立家庭。我有了小安東尼，而且不打算再生的消息一定是傳出去了，這表示我已準備好要開始另一部份的靈魂使命，那個我在出生前就同意的事。我已準備好要當中間人，當靈魂世界的聲音。於是這些鬼魂立即撲了過來，要我將訊息帶給他們摯愛的人。但顯然這不是他們回來的唯一原因，有好幾個事件也在其中起了作用。

當學生準備好時，老師就會出現

有些人在這段旅程中幫助我許多，我那時喜歡開玩笑，說這一切都要怪他們。我姊姊蘇有位叫凱蒂的朋友，她有時晚上會在當地的武術館辦靈媒活動。她們會認識是因為蘇的先生是空手道黑帶，而凱蒂的先生是武術館老闆。有一天蘇打電話問我：「妳今晚有什麼事嗎？」我說：「沒事。幹嘛？」她要我找安東尼顧小孩，因為凱蒂要辦活動，她認為我們一起去找靈媒通靈解讀應該會很好玩。那時時間還早，我心想去一下也沒什麼不好。我們抵達時，有人遞來通訊名單，要大家填上姓名、地址、電話號碼、電郵地址等等，然後我們就坐下來聽演講聽了大約四十分鐘。演講的是個叫荷莉・夏妮克（Holly Chalnick）的靈媒，我覺得她說的內容很有趣，她是在她姊姊過世後才開始跟靈魂說話。她姊姊從靈界協助她幫助還在世的人。雖然她明顯吸引了我的注意，我心裡仍在想著其他靈媒不知什麼時候會到。演講結束，顯然她是凱蒂那晚安排的唯一節目，而且沒有通靈解讀，我姊姊誤會了凱蒂的意思。但沒關係，我還是很喜歡那晚的演講，雖然她的故事令人難過，但我真的很喜歡荷莉。我心想，也許下次凱蒂再辦活動，荷莉也來的話，我們可以請她為我們解讀。回到家後，我就沒再想起這件事。

過了兩三個禮拜，我接到荷莉打來的電話。對話的內容是這樣的：

「嗨，金，（她的聲音很溫柔。）我是荷莉・夏妮克。」

「嗨，荷莉。妳好嗎？」

「妳最近參加了我的一場研討會，而且留下了聯絡資料。」

「對，我很喜歡妳那晚的演說。很精彩。」

「喔，我是想告訴妳我打來的原因。我在看聯絡名單的時候，妳的名字引起我的注意。」

「什麼意思？」

「我只是想告訴妳，妳的靈通能力很強。」

我聽到她這麼說很驚訝。「可是我們甚至沒正式見過面。」

她笑了起來。「我知道，但我不需要見到你。我是從妳的筆跡和名字的振動頻率感應到的。我的指導靈告訴我，我需要打給妳。我有開培養靈通能力的課程。」

這時那個懷疑心重、憤世嫉俗的我心想：「真是胡說八道，她只是想叫人去上她的課，她八成照著通訊錄上的名單一個接一個打電話。」我不是笨蛋，我絕不會告訴她，她可能是對的。我當時還是繼續保持禮貌和友善的態度。「哦，真有趣，妳會知道還蠻奇怪的。」

「沒有錯！」她堅持：「妳真的有靈通能力。聽著，我跟妳只離一個鎮，所以開課地點離妳很近，不妨來聽聽看。」

這時我真的認為這是個騙局了。

我問：「課是在什麼時候？」

「星期二和星期四早上。」

好極了，我有個完美的理由脫身了。「喔，荷莉，我是唯一照顧我小兒子的人，」(我的大兒子上小學，二兒子上幼稚園半天班，小兒子跟我在家。)「我是家庭主婦，還要照顧小孩，所以不可能去上妳的課。」

「哦，好可惜！真的好可惜，妳很有天份。親愛的，妳真的很有天份。」

「我不知道該怎麼跟妳說才好，不過，謝謝妳想到我。」

「好吧！如果有什麼變化，讓我知道。我不會忘記妳的。」

我心想天啊，但還是有禮貌地結束談話，「謝謝！」我說。

我一掛上電話，馬上打給我姊姊，在語音信箱留言給她：「幾個禮拜前演講的那個靈媒荷莉，最近會打電話給妳，她在為開的課招生。我只是想提前給妳預警。我不知道妳會不會想去，但我覺得不太適合我。她是收費的老師，想找學生，我拒絕她了。但妳想去就去。」

一天過去了，兩天過去了，一個禮拜過去了，兩個禮拜過去了，荷莉從不曾打電話給我姊姊。後來，一年過去了，這時我的電話響了。

「嗨，金，我是荷莉，我跟妳說過，我不會忘記妳的。」（在這一年裡，我不曾找她通靈解讀，也沒去上她的課，什麼都沒有。我完全沒跟她聯絡。）

「嗨，荷莉。很久沒聯絡了。一切都好嗎？」

「我有好消息告訴妳。」

「真的？」

「妳猜是什麼？我現在要開夜間班，所以別告訴我妳找不到人帶小孩。我很希望妳能來，妳先生能幫妳顧小孩嗎？課只有一個半小時，頂多兩小時。我希望妳能來試聽。」

我不太情願地說：「好吧！跟我說說妳的課。大概是怎麼一回事？」

「喔，是在我家上課，還有大約十二個人。我會教你們怎麼開發直覺，會推薦很多書給你們讀，我們還會一起做很多練習。妳知道的，通靈練習。」

「這要花多少錢？」

她告訴我學費後又補充說：「不過，我會要求妳在上第一堂課前先全部繳清。」

我說：「荷莉，我必須跟妳說，這部分我有困難。如果我不確定會不會喜歡這個課，我不太想預付全額學費。我要誠實跟妳說，我會聽妳的建議去上這個課，但我想在去的時候再付，妳覺得這樣可以嗎？」（你們大概還記得我很早以前就學到，有時候我們必須更嚴守界線。這個女人這麼堅持，我覺得現在就是要這麼做的時候。）

她讓步了。「好吧！妳知道嗎？我答應妳，因為我強烈感覺妳應該來上我的課。」課程總共十二堂，每個月有一次課外聚會，我們可以跟其他班的同學互相練習。這些聚會是免費的，而且自由參加。

我去上第一堂課的時候還是有些疑慮，我真的不知道會從這門課學到什麼。我們要砍雞頭嗎？還是做比這更瘋狂的事？那個世界對我來說還是很神祕。我怎能確定不是騙術呢？某種形式的魔術？但最重要的是，我想知道靈媒是怎麼知道他們所知道的事。我去上課是因為克制不住好奇心，而且我也知道荷莉不會輕易放棄。

當荷莉在課堂上詢問有沒有人有問題時，我第一個舉手。我主要想知道這跟我的宗教信仰是否有衝突。這仍是我最大的考量，但荷莉聰明的回答幫助了我更堅定信仰。她說：「這些是跟能量有關，跟宗教沒必然關係。靈媒來自各種不同教派，從事靈媒工作跟教派無關，這是跟妳的能量系統有關。就像學著讀一本書一樣，只是妳現在要學的是讀取能量——妳自己和別人的能量。妳也會學到那個能量如何增強妳的直覺，還有跟直覺有關的很多感知。」

我當下就愛上了她的教學風格，我欣賞她解釋事情的方式，我和其他學生都覺得很有道理。她所說的一切跟我的想法一致。我相信直覺的力量，於是開始對上這個課有了興趣。

有一個禮拜她教我們水晶的力量，隔週她教我們脈輪——這個系統將能量吸引到我們身上，不僅在我們體內循環，還會以氣場的形式散發。接下來的一周探討指導靈的主題。她也教我們觸覺感應（psychometry），就是握著一個物件，感應它的振動頻率，讀取資料。她也跟我們一起探討其他形式的靈通能力。我學到好多東西。

我向來都被前世回溯的主題吸引。第一次感興趣就是在這個班上。荷莉給我們一系列的閱讀書單，每本書我都是狼吞虎嚥地讀完。我特別喜歡布萊恩．魏斯（Brian Weiss）博士的《前世今生》（*Many Lives, Many Masters*），他是絕對的貨真價實。我深受這位作者吸引，他認真、思慮周密，而且是受過訓練的執業醫生。假如這些是真的，我才會想跟這個領域有關。如果這個領域充斥著荒誕怪異的人和怪點子，那我就不會感興趣了。魏斯醫生自美國哥倫比亞大學畢業後，在耶魯大學獲得醫學博士，他曾擔任西奈山醫學中心（Mount Sinai Medical Center）的精神科主任。再也沒有比這個資歷更真實或更有威信的了。

當他的一位個案在催眠時談到前世，他沒有把她說的話看作不大可能而不了了之，也沒當成是她想像的虛構故事，他反而因為好奇而去找到更多關於輪迴轉世的觀點。他不斷調查探索，直到他從過往的公開紀錄、歷史資料和書籍，確認了她說的部份內容。這些研究證實她提到的不同前世的真人實事，他後來終於相信她告訴他的事是可能的，那就是肉體死亡後，人的靈魂繼續存在。我喜歡魏斯博士不斷深入挖掘，直到找到能解釋的滿意答案的精神。我欣賞他鍥而不捨調查和敞開心胸接受各種可能性。我就是因為讀了魏斯博士的書，才決定要更深入探索，或許將來做一個前世回溯的催眠師。我很喜歡，很喜歡，真的很喜歡。

那時我們已經上到第六周的課。每次的自由聚會，荷莉也都要我參加。她一直告訴我，我是她最出色的學生，即使我從來不曾幫任何人解讀過，即使我只想專注在其他領域的興趣。我直接了當地問：「妳怎麼知道我是妳最出色的學生？」

「這就跟我在通訊錄看到妳的名字，立刻就知道妳應該來上我的課一樣。」她語氣堅定地說：「妳怎麼不斷在質問我的天賦呢？我的天賦告訴我，妳是這裡最優秀的學生，你有一天會成為知名靈媒。妳就信任我就好了。」

我立刻反駁，「抱歉，我沒辦法就這樣相信妳，因為我相信暗示的力量，我知道這是怎麼回事，怎麼運作的。」你們絕不會相信這位女士碰到我有多挫折。我知道我真的很固執，於是後來口氣緩和了些。「我不想冒犯妳，而且如果我不覺得這些課有趣的話，我也就不會每個禮拜都回來上課了，可是妳必須讓我找到我自己的真相。我真的不想當靈媒。我喜歡前世回溯，那才是我想做的事。」

她笑了，然後說，「我跟妳說吧，金，妳不但會成為靈媒，而且妳先生還會在你們家建一個專用的房間，妳會在那個房間幫人做解讀，給人慰藉。那會是很漂亮的房間。」

（附記：她說中了！）

她對我就是很有辦法，她總是用溫柔的聲音、笑聲和沉穩的肯定語氣說：「好吧！金，我們等著看好了。」很好，她真的知道要怎麼應付我。我相信她以前一定遇過懷疑論者，但沒有一個是像我這般頑強抗拒的學生。

當老師準備好時，學生就會出現

荷莉絕對是幫我踏上覺悟之路的關鍵人物。我很喜歡上她的課，雖然不是她教的所有課都跟我的靈魂共鳴，我學會只取我需要的，把其他的擱下。我持續走在這條路上，也發現越來越多要學的東西。我就像個海綿，不斷吸收能深深觸動我內心深處的宇宙真理。我並不怕辛苦，因此靈界便以直接教導我來回應。

多年後，我的指導靈們指示我要開班授課。當然，我起先找了各式各樣的藉口拒絕。「我哪有時間啊？」我心想：「我是個很好的學生，但我不是老師。」我立刻清楚聽到，「請學著信任我們，我們會給妳課程計畫。」

我內心知道我有必要這麼做，我知道為別人提供荷莉曾給我的同樣指引非常重要，於是我開了一個課程，叫「魔法圈」。我也知道我需要合適的學生組合才能讓這個班有最好的成效，我相信如果我的神性資源要給我課程計畫，他們也一定會為我找到學生。果真，他們過濾出一個又一個的學生，來自各行各業，各個年齡層的完美組合。開課後，我們立刻有了心靈上的契合，有的人還稱我良師。

讓我說明一下，我的指導靈不僅給我課程計畫和學生，還幫我找到了場地。我問一位朋友，是否知道哪裡可以讓我上課，他立刻介紹他朋友喬。喬是空手道教練，他聽到我的要求時非常開心，很願意讓我使用他的教課場地，交換條件是當我班上的學生。對大家來說，這個配合真是完美。我後來發現，我第一次見到荷莉是在一間武術館，結果多年後我也在一間武術館教課。宇宙真的很會策畫，將我們需要的帶給我們。而且，沒錯，課程計畫也持續出現。每個禮拜我教的課都不一樣，但宗旨都是要能實務操作。雖然這原定是六週的課程，卻持續了整整一年。當我認為學生已經學成時，我一直嘗試溫和地催促他們離開，可是他們都一致想繼續學習，沒人想展翅高飛。然而，我的目標不是教導永遠在學習的學生，我的目標是教他們方法，以滿足他們對靈性的追求，並轉而將這個喜悅散佈出去。他們也確實如此做了。我可以很自豪地說，這些忠心的學生，就算不是每一位，大部分都在從事或教導跟他們所學有關的工作。

以下是我教他們的幾個練習，我想你們可能會有興趣了解並嘗試看看。我現在選的主要是提升你們對周遭能量的覺察力，讓你們小試身手。之後我們會擴大這些練習，更全面地使用你的能量。

在進行任何通靈練習和跟靈魂溝通之前，該說和該做的事

如果你是美術班的學生，使用美術教室裡的公用畫筆和顏料，每次在上課前你會先清洗畫筆，這樣前一個人留下的殘餘顏料才不會弄濁了你想塗在新畫布上的顏色。當應用的材料是能量時，也是同樣道理；如果你想達到最好的效果，你就必須清理先前的人留在房間的能量。荷莉清理能量場有她偏愛的方式，光想到就讓我發笑。我第一次走進她家上課時，心想：「我真不敢相信，這個女人竟然在抽大麻。」但我很快就學到原來我聞到的那個怪味是燃燒鼠尾草的味道。我先前提過鼠尾草是美國原住民用來協助淨化空間和呼叫特定的祖先靈魂守護時所使用的植物。點燃鼠尾草時，它的煙會過濾空氣，釋放出被困在房間縫隙和角落的負能量。荷莉不是燒整把鼠尾草棒，她偏好在貝殼上燒散葉，用老鷹羽毛來搧，這是美國原住民的傳統作法。我也是這麼使用。

鼠尾草不僅是良好的淨化媒介，也是測量現場有多少負面能量的方法。據信鼠尾草產生的煙越多，表示這個地方越需要淨化。焚燒鼠尾草的時候，記得要打開窗

戶，因為你要讓煙裡的負面能量離開你的環境。如果攪動了負面能量，把它帶到表層，卻又把它留在那裡，會使得後來進入那個空間的人沾上。記得要一邊淨化空間一邊說禱詞。我通常會說簡單的禱詞，像是：「這裡只歡迎屬光的靈魂，如果你不是來自光，你現在就必須離開。」

雖然荷莉是猶太人，她也會唸誦基督徒的主禱文（天主經）。雖然我不曾問她為什麼，但我認為最後一句**不要讓我們陷於誘惑，但救我們免於兇惡**，正好適用於黑暗力量出現時所需要說的話。所以就像借用美國原住民的傳統一樣，她也直接使用這個禱詞。

由於焚燒鼠尾草能夠移除負面能量，它也讓你周圍的空氣不那麼沉重，使你能提升振頻。一旦進入這個提升狀態，你可以冥想你想達成的事，請聖靈幫助你完成目標。對我們來說，目標是要達到更高層次的學習。

觸覺感應

有時候要憑空感應到某人的能量並不容易，如果手上拿著來找你解讀或他們想聯繫的人的私人物品會有實際幫助，因為我們都會在我們穿戴、使用或平日接觸的物件上留下自己的能量印記（很像我們在碰過的東西上留下指紋一樣）。譬如衣服、照片或珠寶等等，都會保留我們的能量。從物件中取得能量印記稱為觸覺感應。觸覺感應對初學者是很棒的練習。在手中握著物件會幫助感應並增強你對結果的信心。

請一位朋友把他心愛的某樣東西放在你的手上。當握著這個物品時，只要放輕鬆，讓任何影像、聲音或感覺自然出現。不要去想，不要懷疑，也不要過濾任何想法。就好像你是一個捕夢者，你的心是張網，它會捕捉到飄浮在空氣裡不論多微小的粒子／資訊，然後只要告訴朋友你的感覺。我向你們保證，他的反應和你自己的感應都會令你驚訝。

能量球技巧

我小時候很喜歡看《神仙家庭》電視劇。還記得主角愛絲梅拉達舔了舔手指，然後把手指舉在半空中的畫面嗎？這個作用就像避雷針一樣，將能量引向她。這可能是我最早下意識學到有關能量的方法之一。這個練習能幫助你對周遭能量有強烈的覺察。你不需要將能量從別處吸來，你可以從已經在你周遭的氣裡創造能量場。

先從快速摩擦雙手開始，就像你在寒冷的冬天會做的那樣，摩擦後，分開雙手，注意感覺兩掌間的阻力。現在把這個能量像揉雪球般揉成球狀。當這個能量球體像棒球那麼大時，透過思想將一個意念傳進球裡。有的人一開始會保持簡單，就只是想著一個特定顏色，然後放進球裡。

當能量球的創造者用觀想的方式把球丟給接收者，並想像球落在接收者身體的某個部位時，十次有九次，接收者不但能感覺能量球的到達，還能告訴你能量球是對準身體的哪個部位，以及它的顏色。

如果你以前不相信思想和意念可以加附在能量上，你現在絕對會相信了。這個練習不但能提升你對周遭能量的覺察力，而且也讓你知道控制負面思想的重要性。它也教導你顯化正面能量完全是在你的掌握！

用齊納卡（Zener card）來實驗和開發第六感

這是班上最受歡迎的練習之一。它被廣泛使用在發展通靈能力上，是設計來教導人們發展超感官知覺（ESP，也就是第六感）。我自己在索引卡紙上放置各種形狀、顏色和物件的圖片，做了自己的一套卡。你們也可以用這種自製卡片或是一般紙牌，兩種都同樣有效。進行的方式是跟一位朋友背靠背坐著，輪流抽卡。輪到你抽卡時，全心專注在抽到的卡片，用意念把卡片上的圖片傳給朋友。專心圖片的細節，然後請接收者說出你在想的東西。你們兩人都各自準備紙筆，寫下正確的次數。你們的準確性會讓你們驚訝。

遙視

當我說我們真的有能力離開肉體，穿越時空，以靈視力去看到和預測未來，請相信我。我深信任何人都可以透過學習而做到。首先，你需要清空腦中的思緒，然後以引導式冥想來幫助自己進入西塔波狀態，這跟我們快睡著時的腦波一樣，也是我們最放鬆和敞開的時候。

當你處在這個心智狀態，你可以投射你的心靈感知，觀察近在你隔壁的房間或是千里之外的地方。一旦你將你的能量傳送到了想去的地方，你可以用其他心靈感官去辨認那邊的物體或觀察那邊的情形。軍方人員用這個技術去察看敵營和收集情報是很普遍的事，甚至今天具有心靈能力的間諜也會使用這個技巧。

如果要測試自己的能力，你可以請一位朋友或家人在離你很近的房間書桌或書架上放一個不很明顯的物件。靜坐冥想之後，聚焦你的能量，將能量傳送到那個房間，看看是否可以認出那個東西和放置的地方。把看到的東西寫下或畫出來。有時候你會看到完整的物件，有時候你可能可以畫出它的輪廓。當然，也會有時候你可能只看到正確的顏色。記得，這是一個過程，要學會這個技巧需要發展你其中一個脈輪，我們稱為靈媒的第三眼，我們會在後面章節談到訓練第三眼。現在只要知道，強化這個能力跟鍛鍊肌肉沒什麼不同，你越常活動那些肌肉，它們就會越強壯。

看過我節目的人應該會記得，我在《重返靈異現場》曾跟演員克里斯．麥克唐納（Chris McDonald）做過其中一個練習，跟演員李察．布基（Richard Burgi）做了另一個練習，他們都很訝異自己的感應。當然，我並不驚訝，我知道他們一直都有這種能力！

我對遙視的研究和練習，很快就讓我好奇這個能力是如何能讓人擁有預知的經驗，換言之，這個能力是如何讓他們看到未來。而我學到的知識不僅奇妙，而且是事實。它證實了我必須要像科學家一樣思考，或者，如我喜歡說的，像一個「調查心靈能力和現象的記者」。我們做的事並不是魔法，如果你探究得夠深，一切都會有個解釋。

我的發現是，我們的靈魂是被一條銀線接繫著，它是能量的生命線，從你頭頂的頂輪伸展出去，很像是靈魂的臍帶，這樣我們的靈魂出去漫遊後，才能再回到身體裡。一般靈魂出體大都是在我們睡著的時候。

很多靈媒去安寧療護醫院或臨終安養院探望時，都會看到這個銀線。當那個人接近臨終，他們會看到銀線越來越細。他們看到的，事實上是靈魂要離開的過程。但當你還活著的時候，這個臍帶將你的靈魂和身體連繫在一起，所以在一窺薄紗的另一端之後，你的靈魂還能安全地回到身體裡。

也許你們曾經讀過以下的例子但沒意識到是怎麼回事。許多人的靈魂在睡覺時會接通宇宙的事件。譬如說，很多人提到在九一一事件前就夢到它的發生。這些預知夢——在夢中看到尚未發生的事——是有可能的，因為在其他次元並沒有時間和空間。如果構成未來的是一個時間軸，那麼進入沒有時間軸的另個次元就能讓你預先一窺這些尚未在我們的次元發生的事。

你們現在應該能夠了解我的好奇天性是如何讓我越來越被吸引進心靈的世界了。我開始著迷於自己所陷入的這個小渦流裡。而我學得越多，就想要知道更多。

結束能量探索前該說和該做的事

具有心靈能力的人和靈媒因為有很多時間是在較高的振頻運作，在做完工作或研究後，他們必須有意識地回到自己的身體。將自己紮根回人世身體，也就是所稱的接地（grounding）。接地的方式有很多，我們以前在班上做的練習是將雙腳穩穩地踏在地面，然後想像有三條能量線從你的腳底延伸到地心（你可以把能量線想成是三個明亮的光柱，在尾部有些很細小的根，就像樹根一樣）。等到這些根進入地底夠深的地方，想像它們將你穩穩固定。再想像你的尾椎有另一條帶著細根的能量線深入到地心。（注意：你可能會感覺尾椎的地方有點緊繃，這是正常的。）然後想像有道白色光束從你的頭頂朝天空射去，這樣你不僅能穩穩的跟地球相連，也與天上的正面力量相繫。最後，我建議你以冥想來結束這個練習。冥想時，為你學到或體驗到的事感謝聖靈。

如果你是去某處上課，課後需開車回家，為了身體和靈魂層面的因素，做這些步驟尤其重要！你不會希望在開車回家時，頭還感覺暈暈的。

我不要去靈媒市集！

我終於上完了荷莉的課。我很喜歡讀有關前世回溯的書籍，而且你們也知道，我就是在我先生安東尼身上練習這個療法。荷莉的課教了我好多，我認為她為我理出了一條學習的道路，也就是在大約這段時間，我在前世回溯的時候，第一次接觸到安東尼的指導靈卡麗，你們已經很清楚卡麗和她教導的內容，所以你們一定可以想像得到，這段時間對我來說有多興奮。人生真的很美好，很美好！

然後有天，我接到一通意外的電話。

「金，我是荷莉，親愛的，聽著。妳知道在希克斯威爾（Hicksville）的學習之眼嗎？」（學習之眼是一個靈學中心，現在依然存在。他們會舉辦各種跟形上學有關的工作坊和靈媒活動。這是一個認識朋友、交換意見、談論最近讀過的書、發現其他作家或新進靈媒的好地方。）

「他們要辦下一屆的靈媒市集，我會是其中一個，」她繼續說：「他們肯定會需要另一位，所以我主動跟他們提議找你。」

「什麼？不，荷莉！不行。」我抗議。「很抱歉讓妳失望，可是我不要幫人通靈。拜託妳不要這樣對我，我知道妳有多堅持，我知道妳不會放棄，但拜託妳不要。」

「親愛的，妳要想這些資訊並不是來自妳。」

「我知道，荷莉，你跟我說過了。可是我沒有自信，我還沒辦法。拜託，拜託不要這樣對我，我光想到就開始焦慮了。妳不會曉得的，可是我從現在起到那個時候都沒辦法好好睡覺了。」（市集只剩幾個禮拜就到了。）

「哦，天啊！我不知道妳的反應會這麼強烈。好啦！好啦！我不逼妳就是了，不過我告訴妳，妳已經準備好了。而且我跟妳說，靈魂會讓妳知道妳已經準備好了。」

「好吧！等我準備好我就會去。不過，在那之前不行，好不好？我們就這樣說定了？」

「好，就這樣說定了。」

掛上電話後，我心想，感謝老天，終於讓她不再煩我了。要拒絕這個女人還真不容易，還好結束了，搞定了，我知道我不必去參加那個市集活動，感覺又能呼吸了。

雖然擺脫了荷莉，然而，這不表示我已完全擺脫掉這件事。怪事開始接二連三地發生，讓人不可能忽視。

某天早上，我在房間整理床鋪。前一晚我又催眠了安東尼，而且有很棒的結果。那天的天氣晴朗，小寶寶正在睡覺，先生去工作了，兩個兒子也在學校上學。我正整理床頭的靠枕，轉身時，突然看到門口有個人影。人影是透明的，就站在我的視線內，而不是出現在我的心裡。那絕不是不小心遊蕩到我家的陌生人，也不是在腦中跟我對話的靈魂。這是真實的靈魂探訪。我一生中見過夠多的靈體，我知道自己看到的是超自然現象，就像小時候那樣。但這次的訪客是個大約十四、五歲的漂亮少女。她有一頭深色的金髮。而且她還跟我說話。你們還記得嗎？那些移民的靈體從不曾說過半句話。可是這個女孩的話卻進入我的腦袋。我不是聽到她大聲說，我是在腦子裡聽到那些話，而且音量調得很大。她說：「我死於火災。我住在紐澤西州，請妳打電話給我父母，跟他們說我現在很好。」

當理解到所聽到的話，我心裡想：「我根本不認識這個女孩，我怎麼會知道要怎樣找到她父母？這不就跟在稻草堆裡找根針一樣難。」她不只聽到我的問題，還回答了。她告訴我她父母的名字，他們所住的城鎮。然而我怎麼也記不起她跟我說的這些資訊，因為來得太快，就如她的突然出現讓我震驚，我也根本沒想到問題會得到答覆，或是有了答案我要怎麼做。這件事太不真實了，我的腦子忙著思考是怎麼回事，為什麼如此，根本沒能抓住其他資訊。

在我還沒來得及說任何話之前，她便轉身離開。我可以看到她整個左半邊的臉都被燒得焦黑難辨，就像是恐怖片才會出現的畫面。她就這樣飄走了。我記得自己呆站在那兒，感覺身邊的一切都輕飄飄的。陽光照進房間，而且是很強的陽光，這讓我想起小時候晚上照進我臥室裡的街燈。

自上次見到靈魂那樣出現在我面前，已經是很久前的事了。我到今天都還記得那天的景象，真的把我嚇壞了。我的心跳急促，腎上腺素飆升，我忍不住想，是不是我在催眠安東尼的時候，打開了無法關上的通道。還是去上荷莉的課引來了不請自來的訪客？「我又招惹到這種事了嗎？」我責怪自己。「我到底做了什麼？是我自找的，我知道是我自找的。」就好像有人一直警告你別玩靈應牌一樣。我不斷想著：「我實在不該去惹這種事的。」

靈界再三提醒

那時候我常去圖書館和書店，閱讀所有能跟我靈魂共鳴的書。我需要了解我到底遇到了什麼事。當時不像今天，有這麼多電視節目，甚至有整個頻道專門談形上學的主題。

我那時必須主動去找需要的資料。

約翰．艾德華（John Edward）在當時已經很受歡迎，他寫了好幾本書，並在WPLJ電台主持節目。他和當代幾位靈媒先驅讓大眾注意到心靈現象的世界。

有一天，我正在聽他的節目。我決定打電話到電台。我並不是想跟他談我個人的情況，我是這麼想：「如果能有機會跟他說到話不是很酷嗎？」於是我撥了號碼，然後聽到電話那頭的人說：「WPLJ電台，請稍候。」我好興奮。在線上等候時，約翰告訴前面一位聽眾，她的祖母過來了，她正在給他看他熟悉的東西。他說：「妳的祖母告訴我，妳有一次把一根大頭針插到電源插座上，妳能量場的某個東西因此被打開了。」

這引起了我的注意。那個女子說：「沒有，我沒有那樣做過。」但約翰繼續說：「嗯⋯⋯妳祖母告訴我，她一直都在看顧著妳，她是妳最主要的指導靈，而且她要鼓勵妳。我不知道她為什麼要給我看這個，妳小時候沒有因觸電受傷或發生類似的事嗎？」女子說：「沒有，沒有。」她非常困惑。在此同時，我心想：「有可能嗎？我敢打賭那是我的祖母。」我在線上等候，下一個可能就輪到我了，我幾乎百分之百確定那個訊息是給我的。

我五歲時曾出了點意外，那天是聖誕夜，媽媽正在煮她傳統的海鮮餐（又稱七魚晚餐）。派蒂姑姑在隔壁屋子煮她負責的部份，她們倆向來都是一起分擔工作。在她們準備晚餐時，小孩子就自己玩。我姊姊在堂姊家，我自己一個人坐在廚房走廊對面的聖誕樹旁的沙發。記憶就像是昨天才發生的那麼清晰。我起先看了一下電視，《怪胎一族》是我最喜歡的節目之一，我也很愛《蝙蝠俠》。這兩個節目都播完後，我在看聖誕樹上的裝飾。看完了聖誕樹的裝飾，我蹲到地上去看佈置在樹底下的耶穌誕生場景。我母親每年都會為我們每個人準備一樣特別的東西，她通常也會用新鮮棉花把四周裝飾得很像雪景，看起來很美。我正想著耶穌、瑪利亞、聖若瑟和智者的聖誕節故事，然後看到插座旁邊有一根大頭針。我是那種很愛問問題的小孩，我母親到最後總會乾脆投降地說：「因為那就是上帝要的。」我的好奇心好似永遠得不到滿足。我無法告訴你們為什麼我會想把那根大頭針插進插座，也許我只是想看看會發生什麼事吧。

當然，那麼做的時候，我就觸電了。那個力量大到把我抛到房間的另一頭。我永遠忘不了低頭看到自己整條手臂變成黑炭的情景，手臂上一大塊皮膚都燒焦了。沒有冒火，就是一大片黑色。我跑向媽媽，高高舉起手臂，哭著說：「媽咪！媽咪！」

你們要瞭解，我母親不是那種冷靜型的人，當我們受傷時，她會被嚇得手足無措。這是我母親的弱項，她總是說：「要是你們被噎到，我八成會往反方向跑。」這真的是她最大的恐懼，她什麼都能應付，就是沒辦法應付緊急醫療事故。

母親緊張得不得了，開始對我大喊大叫：「妳到底做了什麼？發生了什麼事？」她驚慌失措，但勉強保持鎮定，找到了一條擦盤子的乾淨抹布裹住我的手臂，然後和住在附近的妹妹帶著我一起衝去醫院。到了醫院，醫生擦上治療燒傷的乳膏，再仔細纏上繃帶。他告訴我，要過一陣子才會復元，並告誡我絕對不要拆開紗布，他也說他不能保證不會留下疤痕。他治療得非常好，信不信，我的手臂完全復原。現在看上去沒有人會知道以前發生過那樣的事。

在我還沒能把這一切告訴約翰前，節目就結束了。我聽到製作人說：「好。約翰，你太棒了！真是太神奇了！我們今天的時間已經到了，請大家下禮拜同一時間繼續收聽約翰的節目……」幾秒鐘後，我只聽到忙線的訊號，電話那頭的人已經掛上電話，然而故事並沒有就此結束。

同一個禮拜，凱蒂打電話給我，問我要不要去萊維頓（Levittown）的博德斯書店參加簽書會。自從我去聽了荷莉的演講之後，凱蒂和我就成了很要好的朋友，我也會告訴她生活中發生的大小事。她總是鼓勵我發展我的通靈能力，她知道我會對那天要簽名的書有興趣。那是本關於死後世界的書，我當然說：「哦，天啊！要，我要去。」我雖然不曾聽過那位作者，但因為凱蒂知道很多靈媒圈的人，我很樂意讀她所推薦的書。

當我們正排隊等著會見作者時，凱蒂看到了認識的人。「我有個朋友在那邊，」她說：「失陪一下，我過去打聲招呼。」幾分鐘後，她招手要我過去並介紹我們認識。「金，這位是約翰．艾德華。約翰，這位是我朋友，金。她是很傑出的靈媒新秀。」我看著他，脫口而出：「你就是約翰．艾德華？不好意思，我以為你的年紀會大很多。我常聽你的廣播節目，但我沒想到你這麼年輕。」他笑了笑，坦承他常聽到這樣的話。接著我就直接把心裡的話說了出來。「約翰，我真不敢相信你就站在我眼前，你還記得上禮拜在你節目的最後一個通靈諮詢，你跟一個女士說，她把一根大頭針插到電源插座，可是她卻不知道你在說什麼嗎？我那時就等在線上，但節目在輪到我之前就結束了。我認為那個訊息是給我的。」

他把兩手往上一舉，說：「當然是給妳的。」我不太確定他是什麼意思，於是他解釋，「每次我上電台節目，如果接到的訊息不符合跟我談話的那個人，事後我總是會收到某個聽眾寫給我的信或電郵，告訴我那個訊息是要給他們的。那次我沒收到任何人的電郵，但現在妳親自在這裡跟我證實了。沒錯，那個訊息絕對是給妳的。」

等等，還沒完，後來還有更奇妙的事。隔天我在圖書館的新時代專區借了我額度上限的書，我並不在乎裡面有一九二〇年代的舊書，我對這領域的好奇心好似永遠無法被滿足。我那天借的其中一本是馬修・曼寧（Matthew Manning）的《連結》（*The Link*），你猜我翻到哪一頁？沒錯，就是觸電那頁。在那本書的序，彼得・班德（Peter Bander）轉述一項由喬爾・衛頓博士（Dr. Joel Whitton）做的小規模研究結果，他這麼寫：「衛頓博士請很多知名靈媒填寫問卷，結果在有關童年經驗的問題方面，回答顯示，好幾個靈媒都有個共通點……這些靈媒的共通經驗是他們在十歲前都有過嚴重的觸電。」

我的下巴驚得快掉下來了，我站在那裡八成重讀了十遍以上。我真的很難忽視那個禮拜發生的一連串巧合，靈界顯然是要我知道這個資訊。我的指導靈和我所有的已故親人一起密謀，他們知道在我明瞭為什麼我會有這些奇怪能力，還有為什麼現在被召喚使用這些能力的答案之前，我是不會滿意的。

我到現在還是這個樣子，如果有什麼事我不了解，我就無法進行或處理。當我終於理解後，我會願意並盡力去做。在這件事上，我擺脫不去他們在說：「我們讓這小妞知道這是怎麼回事吧，這樣她才能往前邁進，早點完成她的天命。」的感覺。我有時就是那麼難搞定。畢竟，我是雙子座。

那天下午離開圖書館時，我感覺祖母在告訴我：「嘿，金，妳知道嗎？我在世時也不懂這些，我是在這裡才發現的。他們告訴我這就是你的情形。他們說：『還記得她五歲那次拿大頭針去插電源插座的事嗎？這裡有這類事件所引發現象的證明。』我們先是透過打給約翰的電話傳訊息給妳，然後在簽書會的時候證實，最後又引導妳翻到那本書裡能對妳清楚解釋的章節。」

喔，我不需要磚頭來砸我的頭！我明白了。真的！我明白了。這一定跟為什麼我在那次聖誕節後，連續幾年都看到鬼魂在我床腳出現有關。就是這起事件為我打開了通道，就算不是的話，它也提升了我的天賦能力！

所以我現在對幕後故事和歷史比較有概念了，可是我還是不知道要怎麼關掉這些出現在我生活裡的靈體所發出的聲音。似曾相識的舊事又重演，可是這次卻比童年時更糟糕，因為現在是日夜分秒都會出現，他們會透過我的每種感官跟我接觸，這下是火力全開了。

我對這種私人空間被侵犯的感覺並不陌生，但我卻開始擔心。如果這是我新的正常生活，那我的「正常」到底會不正常到什麼程度？

儘管遇到這些混亂的事，我還是不肯跟荷莉提到，因為如果我告訴她，她一定會說我已經可以跟她一起參加那個市集了！

荷莉和我的指導靈們從這時候起，花了好些年教導我如何將經驗到的跟靈魂溝通的各種方式處理到最佳化。我稱那些年為我的學徒時期，但讓我幫你們省點時間，直接為你們上一堂靈魂溝通模式的速成課，告訴你們在經過反覆試驗與摸索後，我如何與他們溝通。（在第十章你們有機會當我的見習生，後面的章節會再詳談。）

見見我的「靈通」朋友

我想介紹你們的第一個靈通力是**靈視力**（clairvoyance）。以標準的定義來說，靈視是靈媒體驗到清晰的視象。由於我從來不是以典型方法做事的人，而且我也不認為所有靈媒體驗到的都一樣，因此我就告訴你們發生在我身上的情形吧！

大部分時候，當靈魂想用視覺（因為這是他們最自在的方式）跟我溝通某件事，我的感覺就像是在看電影。我會在心裡的空白螢幕上看到這些畫面，這個螢幕跟你們做白日夢或想像時的畫面是同一個，它也是你回想過去時的螢幕。

比如說，如果你閉上眼睛並試著回想最近的一次度假（也許是去迪士尼樂園），你就會了解我說的螢幕是什麼意思了。米老鼠出現的樣子，也許跟你當時親眼看到的不是一模一樣，但你知道牠是誰。這個螢幕跟你每天的視覺螢幕不同，雖然我也曾以那樣的肉眼視覺看到靈魂，就像小時候看到站在我床腳邊的鬼魂，以及在我生育小孩後出現的那個半邊臉被燒燬的少女，或是在我通靈時，看到的站在個案身後的靈魂。這些都是在我眼前出現而不是心裡看到的靈魂，通常他們身上會有一層淡淡的顏色。

概括說來，靈視力對我來說就是這樣運作，但我要告訴你們一件我覺得很有趣的事：靈魂展現他們樣貌的方式說明了靈界那邊也跟我們一樣有自由意志。我之所以知道是因為死於車禍而身體毀損的人，比如摩托車車禍，他們可以選擇很可怕的樣貌，或是看來健康無恙的樣子，出現在我的心靈螢幕。所有的靈魂都可以決定他們想以死時的模樣，或是事故發生前的正常模樣出現。就像你讓小孩自己選擇穿什麼衣服去上學一樣。他們所選擇的服裝通常是種聲明，不論是有意識還是無意識的。好消息是，很多靈魂是以他們生前最好看的樣貌出現在我面前。

理論上來說，**靈聽**（clairaudience）是當靈媒體驗到清晰的聽覺。對我來說，較貼切的形容是像聆聽自己的想法，但我很清楚那不是自己的念頭。那個聲音像是從廣播電台發送出來。想像你開車長途旅行，有時候在開離某個電台範圍並進入新的電台範圍時，你需要重新調整到正確的頻道頻率。當我轉進這些聲音的頻道時，感覺就像離開自己思緒的電台，而去接收靈魂世界的電台所傳送的無線電波。

超感知力（clairsentience）是當靈媒體驗到清晰的感覺／感受；這可以是情緒，但通常是以身體的感覺出現。比方說，當靈魂告訴我他們是怎麼死的時候，通常會讓我感受到他們當時體驗到的痛。有時這是他們唯一能清楚表達所承受的疾病或意外的方式。如果他們是因車禍死亡，我可以感受到他們撞車時體驗到的衝擊力。如果是巴士或火車事故，衝擊力會更強。若是因飛機失事致死，我可能會體驗到墜落感。如果是槍擊，感覺會像是有什麼東西打中我的身體，我可以感受到自己因那個衝力往後仰，有時甚至感覺身體跌到地面。但最讓我覺得不舒服的是心臟病發，因為會讓我難以呼吸。肺癌也很不舒服，因為我會感覺像是快窒息了。

我記得在我早期做通靈諮詢的某次，我感覺胸口有很沉重的壓力，像是一個巨大的磚塊壓在胸上，我還以為我真的心臟病發作了。找我通靈的男子因過世的父親而哀傷，他們兩人都是消防員，當時他們身在同一個火場。他們的感情較像兄弟多過父子。失去父親讓他悲慟不已，因為他父親也是他最好的朋友、他的導師和同伴，是他人生的一切。

這個兒子感覺很無助，因為父親就死在他面前。他看到父親當時緊抓著胸口跪了下來，我通靈時也開始緊抓胸口，因為那個痛苦就是這麼劇烈。起先我不確定到底發生了什麼事，我很尷尬，不停地道歉說：「對不起，對不起。」我一面說一面拼命吸氣，然後這位兒子證實了：「這正是我父親臨死前的情形，他緊抓著胸口，跪倒在地上。」在那個當下，我不得不叫這個父親放鬆些，我用平常跟靈魂說話的方式在心裡這麼對他說，但口氣非常堅定。「請放下，不要讓我感受你死亡的痛苦。你可以用影像的方式讓我知道，就像給我看家庭影片那樣，不然就用說的。」還好，我的懇求有用。

從那天以後，我在通靈前就先跟靈魂聲明：「告訴我或是給我看影像，但請不要讓我重新經歷你們的痛苦。」大多數的靈魂不會那麼做，但我想事先訂下規矩，以防萬一。

我體驗到超感知力的另一個常見方式，是當靈魂知道他們所愛的人身上戴著或擁有一件跟他們有關的珠寶。溝通方式通常會是我開始感覺手指間有某種金屬，就跟我拿著一個銅板的感覺一樣。如果他們是指戒指，那我的手指就會有種沉重感。同樣的，如果是項鍊，我會感覺脖子上有重力。不論是哪種，我都會同時體驗到兩種感覺，金屬在手指之間和脖子上的拉力，或是手指間的金屬和手指上的重量感。這是為了確定我知道他們說的是戴在身體部位的某個物件，而不是身體部位所受的傷。

有時候好幾種感官會同時運作以確保我明瞭訊息。比方說，如果那個東西是宗教垂飾，像是圓形聖像，我會感覺到脖子上的拉力，接著會出現耶穌的畫面，因為身為基督徒，這是讓我聯想到宗教的象徵。我可能也會看見自己珠寶盒裡的類似垂飾，也就是說我會看見並感覺到能幫助我準確了解訊息的東西。很多時候跟靈魂說話就像是字謎遊戲，他們會很努力地盡可能提供線索給我。

另一種溝通的形式是**超感官嗅覺**（clairalience），就是體驗到清晰的嗅覺。比起其它形式，這一種我個人較不常體驗，不過當我體驗到時，通常是作為輔助資訊或次要的資訊來源。最能讓你們了解的例子是當溝通的是嬰兒的靈魂時，他可能會透過讓我的手指間感到一種柔軟來告訴我，他在這裡。他接著可能會讓我看到他媽媽拿著他的小被子的畫面，為了幫我更了解，他可能會再讓我聞到爽身粉的味道。嬰兒的靈魂會用這些很有創意的方式跟我溝通——他們人生的經驗還不多，所以經常會讓我看到他們家人生活裡發生的事，做為他們仍跟家人相繫的確認。由於靈魂並沒有年齡，這些靈魂比他們的人世年齡更有智慧，但他們出現時是以人間的年齡表現。這使得跟他們溝通較為困難，但不是不可能，尤其如果我們雙方都機智靈活。

這個靈通力曾讓我知道我祖母就在附近，因為我聞到她常擦的琴納特香水。當我叔叔要我傳遞訊息給他家人時，他總是會飄來雪茄味，讓我知道他想要溝通。遇到這種情形，我會全神貫注地聆聽。自從叔叔過世後，他曾傳遞過幾個訊息給他的家人，大部分是私人性質，但我可以告訴你們，那些都是預警即將發生的事。我嬸嬸和堂親都很感激這些預警，他們也對我轉述的其他細節感到驚訝，譬如家人間的對話，或是剛在那禮拜或前一天才發生的事。他們的反應幾乎都是：「我確定我沒告訴妳這件事，妳是怎麼知道的？」雖然是親戚，我還是需要提醒他們，那可是我的看家本領，哈哈。

超感官味覺（clairgustance）是靈媒體驗到清晰的味覺。儘管我跟每個人一樣很愛吃，這項卻是我最不開發的溝通模式。你們或許會以為當家裡最會做菜的人或哪個名廚死後上了天堂，他們的溝通方式會是讓我嘗到一口他們最出名的美味糕點，可惜沒那麼好運。如果有廚師想跟我溝通，通常是透過視覺。偶爾某個特別愛烹飪的靈魂會讓我嘗到蒜頭的味道，如此而已。

最後是**超認知力**（claircognizance）：清楚的知道。這很簡單，就是當你沒有任何合理的理由知道，但你卻知道的時候。我相信你們聽人說過：「我就是有這種直覺。」、「我有個預感。」或是「我從骨子裡感覺到。」這是內心的知曉有時會透過身體感受來強調。

我向你們說明這些是因為我認為這可能幫助你們了解，靈媒在學會有效使用和控制天賦之前，他們的腦袋、身體和生活常會體驗到的混亂。如果靈媒在這些感應現象出現前，不曾聽過或讀過這方面的知識，他／她會非常困惑和害怕。

雖然我的家族都挺有直覺，只有我住在委內瑞拉的姑姑積極運用她的天賦，然而語言障礙和地理上的距離使我沒辦法問她我想問的所有問題。我必須靠自己找支持系統，因而老實說，要去哪裡找，還有能信任誰會給我確實的資訊和意見，並不總是很清楚。因此，要把這些奇怪事件當成祕密不告訴荷莉，對我來說並不容易（因為我確定她只會在我還沒感到足夠的自在之前，催促我運用我的天賦）。然而，她是唯一能對這些持續出現的問題提供清楚和有用答案的人。我是說，當一個靈媒遇到靈魂以她的筆跡來傳遞訊息時，她還能找誰指點迷津？

沒錯，這是我體驗到的另一種溝通方式。這個我不了解而且也忽略了要告訴荷莉的方式，就是自動書寫。

詩作

就在荷莉想說服我，我還有比使用的天賦更大潛能的同一段時間，我父親的弟弟諾西歐因車禍身亡。他很愛動物。他因為在公路上停下來救一隻遊蕩到路中央的狗，不小心被車撞上而當場死亡。雖然他住在加州，我們所有家人都住在東岸，大家總惦念著他。他經常來探望我們，每次來訪都很受他姪子和姪女們的歡迎。他的去世對我們是很大的打擊。我父親和他的手足很快就安排好去參加葬禮。可是，像我，還有我大多數的手足與堂親，我們因為都有年幼的小孩，要出趟遠門並不是那麼容易安排，因此我們這一輩決定在紐約舉行追悼會，我們想好好歌頌他的一生。

在追悼會舉行前的某個忙碌的一天，發生了非常怪異的事。我當時正在打掃，一看時鐘，赫然發現已經快三點半了。校車差不多這時候會停在家門前，放孩子下車。通常這也是我必須準備好開車送他們去參加午後活動的時間。可是我那天甚至連衣服都還沒換，因此時間上很趕。就在我準備去沖澡出門時，有個聲音制止了我。那絕對不是我自己內心的聲音，我知道自己的內在聲音是怎樣的，那個不是。那個聲音清楚又直接地說：「妳要為諾西歐叔叔的追悼會寫一首詩。」

我心想：「一首詩？我不會寫詩啊。這是怎麼回事？」

接著，我聽到這首詩的第一句，然後那個聲音停了下來，命令我去拿筆。它說：「我會口述給妳聽。」

說我抗拒並不足以形容當時的情形。我自認是很理性的人，做事講究實際，但我發誓，有時候發生在我身上的事實在太過瘋狂，連我自己都無法想像！

「現在不行，」我心想：「我需要沖個澡，然後去送孩子。」

一切都發生得像閃電一樣快速，我完全沒去想跟我說話的可能是誰，或我當時的口氣是否不太恭敬。我沒有時間去理性思考整件事，但那個聲音繼續著。我聽到一行行的詩句在我腦裡展開。然後我感到一股衝動，急切地想在錯過詩句前趕快拿到紙筆。

我就像個拒絕父母要我做功課的孩子。「不能等晚一點再寫嗎？」我抱怨地說，但那個聲音很堅持，然後文字就開始湧現。我把聽到的詩句如實地寫下，斷句也跟我聽到的一模一樣。寫完後，讀起來美極了，而且形容諾西歐叔叔形容得好貼切。詩是這樣的：

我送給大家的禮物

我在一九二八年送他去了那裡，
為的是接觸並感動一些無法再等待的生命。
我在一九九七年召喚他回家，
回到天堂的家跟我一起居住。
你們在那些年間需要他，
他陪伴你們度過歡樂與流淚的歲月。
他對所有需要幫助的生命伸出援手，
他也分食給飢餓的人。
他以燦爛的微笑祝福你們，
雖然你們偶爾才見他一面。

你們不了解他選擇的生活，
他的理由只有上帝知道。
我將他給了全人類，
你們無法找到另一個人跟他一樣。
請把他看成我送給大家的禮物，
但現在，我必須叫他回來了。
他為了救另一個生命犧牲了自己；
他是每個人的朋友，也是最好的弟兄。

我張開雙臂呼叫他的名字，
他不得不回到他的來處。
如果可以，他會說：「不要擔心，
我很快樂，我很喜歡這裡……
我們將再相逢，
我會在天堂的大門等著你們。

你們會知道那是我，我站在隊伍的最前面，
你們會看到我的臉；我跟上帝在一起。
我在這裡過得非常好，從來不孤單。
我離開你們，只因為我必須回來原本的家。
我們從不會知道回家的時間或地點，
但當時候到時，你們將看到祂的臉。
你們會使盡全力想留下，直到被祂的金色光芒擁抱。
你們會聽到這些話：『你已經做了很多好事，
就像天使一樣，你贏得了你的翅膀。』
請知道，我不得不離開人世，
所以請不要哀悼我的離去。
我將永遠與你們同在，不用想念，
我會再見到你們，那將是永遠的相聚。」
然後，上帝說：「他為所有人立下了榜樣，

所以請了解，我只帶走最好的！」

詩裡有些地方，除非真的認得他本人，否則不可能理解。所以這個聲音怎麼會知道這些事實？像是「他有燦爛的微笑」這種。當然，很多人的笑容都很好看，但我發誓，諾西歐叔叔的笑容燦爛迷人到可以去拍牙膏廣告了，每個人都這麼說。而且，我們大家都質疑他選擇的生活，這也是事實。為什麼一個這麼重視親情的男人會決定住到離我們那麼遙遠的地方，尤其他每次來探望我們的時候，感覺他好像很不想離開。我一直有種感覺，認為他會住到西岸並不是他的選擇。關於人道工作那部分也說得對極了，他做過許多議題的志工。他善良寬厚。然而，在我腦中徘徊不去的，卻是提到他生日的部分。我真的不知道他的出生年。那個聲音怎麼會知道是一九二八？

嗯……猜怎麼著？我打電話問堂姊瑪麗知不知道他的生日。每次我們親戚中有不知道的事都會去問她，我發誓她腦子裡一定有個電腦晶片。我不認為我媽媽會知道，而且我敢打賭，如果我問我父親，他會說他們甚至連在義大利農場的出生證明影本都沒有。但這種事去問瑪麗就好了。

在我打電話去的前幾分鐘，她正好在查看叔叔的訃聞，她就是會做這些事的人。訃聞上寫的出生年當然是一九二八年，我說：「妳一定在開玩笑，我剛才通靈到一首關於他的詩，那個聲音告訴我的就是那年。」我的親戚在那時聽到這首詩的事，沒有半個人會覺得訝異，因為我總是會遇到古怪的事。我在電話裡把詩唸給瑪麗聽，她哭了起來。「哦，天啊！金，」她說：「我們的堂兄弟姐妹聽到這首詩一定會很欣慰。這個詩這樣傳給妳真的太不可思議了。」她說的對，真的很不可思議。

順道一提，不是所有經驗自動書寫的靈媒都是聽到口述寫下來，很多靈媒說，事情發生時，他們好像不在身體裡，是靈魂幫他們代筆，他們是在事後讀到了寫下來的東西，才知道發生什麼事。

我從這些古怪不尋常的經驗領悟到，靈魂會以他們認爲你最能聽到或接收的方式來傳遞訊息。如果一種方式不管用，他們會試另一種。以我的例子來說，他們希望我接受至少一種的溝通方式。當我沒聽到靈媒工作是我的正確道路這個訊息時，他們會一再重複，直到我終於收到為止。他們透過「巧合」，還有透過我的每種感官跟我溝通，如果我還是沒聽到，他們就用詩來跟我說話！

你的生活裡是否也有因為你沒聽到而不斷出現的訊息？如果有的話，很可能是靈魂在進行單向談話。不要等太久才回應。注意聽，然後要回覆！

第八章　特殊的傳訊

初次通靈解讀的喜悅

不論人生中出現怎樣的混亂，週二晚總是愉快和充滿樂趣。那是我每個禮拜打保齡球的時間，我跟我姊姊蘇、堂姊卡蜜拉和瑪麗，還有兩個很要好的朋友米雪兒及史蒂芬妮一隊，米雪兒和史蒂芬妮是跟我們在奧松園一起長大的好友。不用說，我們六個人在一起總是笑聲不斷。我跟她們一起度過了人生中最美好的時光。

每當球賽結束，沒有人會想回家，於是我們打完球總還是會續攤。那個晚上我們跟平常一樣喝些小酒，開懷大笑，這時很迷通靈的米雪兒問我：「金，妳上的那個通靈班怎麼樣了？」

「不錯啊！不過課程都結束了，所以我只要看更多的相關書籍就可以了。」

「妳有在幫人解讀嗎？」

我早該猜到她會接著這麼問。「沒有，我還不到那個程度。不過，妳這麼問挺有意思的，因為我的老師前幾天才打電話給我，要我去參加一個靈媒市集，可是我說『不可能。』我比較喜歡做前世回溯，也許以後吧。不過我目前必須練習。」

這時米雪兒脫下手錶交給我。「拿著。」她說：「妳感應到什麼？」她是另一個跟荷莉一樣不肯輕易放棄的人。她單刀直入，一下就切入重點。我的指導靈們也總是知道要這樣跟我溝通才行，如果你要我去做某件事，你就必須有那種直率熱切的性格，除非我真的很強烈反對，你才無法動搖我的立場。我看著她問：「什麼意思？妳在說什麼？」

「好了！別推辭了，我知道妳可以的。妳握著這個手錶時感應到什麼？」她口氣堅定地說。

「這是誰的手錶？」我問。

「我的手錶。」

「我們在班上做過一次，這叫做觸物感應。」我向其他人解釋。

於是我握著米雪兒的手錶，花一兩秒感應後，我對她說：「我聽到一個男子的聲音。有個男的來了，可是我聽不清楚他在說什麼。」

「繼續！繼續說下去。」

「他在說跟他的桿有關的事，我不知道那是什麼，可是他不停說『我的桿，我的桿。』」
「哦，天啊！我知道妳感應到什麼了。」
「米雪兒，我沒辦法繼續下去了，這是什麼意思？『桿』？」我一直在想那是不是什麼工具。
她說：「那是我公公。他死於肝病。他的義大利腔很重，他說肝都是這樣說的。」
我大吃一驚。「哦，我的天啊，真的嗎？妳這麼認為？」
「金，他上個禮拜才剛過世。」
「米雪兒，我很抱歉，我並不知道。」
「他已經病很久了，雖然他過世我們很難過，但知道他終於能從病痛中解脫也是安慰。繼續，繼續說。」她鼓勵我，顯然想聽到他說更多。
「好吧！他提到什麼安娜。」
「那是我婆婆，就是他太太。」
在這之後，所有訊息開始傳來。我在腦中看到一些畫面，當我向她轉述時，我說：
「米雪兒，我就只是把我看到的畫面和聽到的內容告訴妳。」
「金，太好了，你做到了。妳太棒了。妳看到的所有事都是正確的。」

「等等，他在說有個叫葛楚的人，還有她為什麼沒來守夜的事，因為他們兩人已經很久沒跟對方說話了。」

這時候米雪兒激動地說：「妳嚇壞我了，葛楚的確沒來靈前守夜。我的天啊！」

我心裡在想：「這是怎麼回事？這太瘋狂了！」就在這時，某個東西切換了，我聽到一個名字：賴利。我問米雪兒賴利是誰？她說她不知道。

「喔，這就是我聽到的，」我跟她說：「我聽到賴利這個名字，有人在我耳邊大聲說：『就說是賴利，賴利。』」

這時史蒂芬妮的手機響了，當時已經很晚，大概是凌晨十二點半或十二點四十五左右。她看了來電者的名字，說是她的好友打來的——她這位好友的小兒子身體不是很好，我們大家開始擔心這通電話是因為那個小兒子。史蒂芬妮很快接起電話，隨著那頭的聲音，她突然瞪大了眼睛。這時坐在旁邊的我們都很想知道究竟發生了什麼事。

「什麼？賴利中彈了？哦，我的天！他沒事吧？」她問。

這時我愣住了。不到兩秒前，我才在說聽到賴利這個名字，接著立刻就接到電話傳來這個消息。我們其中一位認識的賴利剛剛被槍擊。

「誰死了？」「怎麼回事？」大家異口同聲地問。當她講完手機，她告訴我們，她先生的一位好友賴利剛剛被槍擊。

「他死了嗎？因為我想我現在通靈的就是他。」我尖聲說。

「我不知道，我不知道。他現在被緊急送往醫院。」

我們全都難以置信地互望。

米雪兒打破沉默。「妳知道妳感應到這件事了，對吧？妳是個靈媒，可是自己卻不知道。妳根本不知道妳浪費了什麼天賦。」

後來賴利奇蹟生還，我是在幾天後才知道。我認為，事情剛發生時，我正好接收到他的頻率。

回到家後，我還是無法理解究竟發生了什麼事。我在想，那可能只是一時僥倖接通，我不相信我還能再一次準確通靈，我真的認為那只是一時好運而已。

隔天早上十點，我的電話響了，是米雪兒打來的。

「妳知道我滿腦子都在想昨晚的事嗎？」她興奮地說：「我跟我先生談到昨晚他爸爸通靈過來，我還打電話給我哥哥。事實上，全家人我都打了電話。」

我是以前住同一個社區時認識了她的父母和兄弟。

「金，妳必須幫我一個忙，妳要告訴我哥哥一些事，他最好的朋友最近剛過世，他非常需要聽到他的消息。我跟他說了昨晚的事，我知道妳可以幫他。」

我慌了起來。「米雪兒，拜託不要這樣對我。」我說：「我根本不知道能不能幫上忙，我認為昨晚只是僥倖，我手上也沒有他的東西。下次等我見到他時，我會握著他的手錶或別的東西試試。也許到時我可以幫他感應。」

她並不想就此作罷。「金，妳一定要幫他這件事，他人現在就在這裡，他是為了跟妳說話專程過來的。」

「好吧！叫他聽電話吧！」我口氣軟化了。「但我不敢跟妳做任何保證喔！」

當她哥哥接聽電話時，我已經從他的聲音裡聽出感激和期待的心情。「嘿，金，妳好嗎？」

「聽著，我對你朋友的事真的很遺憾，我很樂意幫你，可是我不知道我是不是靈媒。我能做的頂多只是像我昨晚幫你妹妹做的那樣。如果有畫面進入我的腦海，或者我聽到什麼事，我就直接把我看到和聽到的告訴你。」

「好，這不是什麼問題。如果妳最多能做到這樣也沒關係，別擔心，不過我真的很想念他。妳知道嗎？他是我很要好的朋友，我真的很想聽到他的消息。」

我深吸了一口氣，開始接收訊息。我立刻就感應到他的名字。「是蓋開頭的名字，蓋瑞還是蓋格。」然後我說：「他給我看一輛車。」我描述那輛車。

「繼續，繼續，我知道你在說什麼。」

「他把車蓋掀起來，你知道我覺得那看起來像什麼嗎？他以前是修車技工嗎？」

「為什麼這麼問？」

「因為他給我看的這輛車在某個連鎖電器行的停車場，我不知道是不是他的車以前常壞，所以他經常要修車還是什麼的。因為他把車蓋掀起來，而且頭鑽在裡面四處查看引擎。」

他開始歇斯底里地大笑，然後說：「我知道那是怎麼回事。」

這時我還是不清不楚的，我也想了解那是什麼意思。「除非我知道自己說的是對的，要不然我不想再說下去了。」

「呃，說來有點難為情。」

「不管難不難為情，我都需要知道。」

「他以前常在那個停車場偷車，他就是那樣發動車子的，他在很多年後跟我提過。」

他停頓後又說：「妳可不可以問他，他現在好不好？」

當我確認他很好時，米雪兒的哥哥聽了似乎很開心。我猜想，知道自己關心的朋友在靈界過得很好，也算是了了一件心事。

通靈結束後，我心想：「這真是瘋狂，我對安東尼做前世回溯時曾接通靈魂。親人過世後，我為他們寫下口述的內容。我日日夜夜都看到鬼魂，整天腦袋裡聽到靈魂的聲音。現在即興通靈時，又在心靈螢幕清楚看到畫面！」這些事發生的速度這麼快，我不知道要怎麼讓它停下來。我知道唯一能給我建議的是荷莉。靈媒市集就在一個禮拜後，我很肯定如果我找她幫忙，她一定會逼我跟她一起去做通靈諮詢。但事情演變得這麼瘋狂，我必須想辦法了結。最後我終於投降，打電話給荷莉。

「荷莉，我是金。」我說：「我真的很需要妳的幫忙。」

「怎麼了？」

「呃，妳說的對，是真的。靈魂真的想告訴我一些事，我以前一直不想聽。」

「告訴我究竟發生了什麼事吧！」

在我告訴她關於被火燒死的少女、諾西歐叔叔、我們去打球的那晚，還有隔天早上通靈的所有細節之後，可想而知，她這麼說：「我早跟妳說過了，金。」我到現在彷彿還聽到她在我耳邊的輕柔笑聲。「現在妳願意去參加市集了吧？」她問。

當我說不去時，她用那種每個慈祥的猶太或義大利母親知道什麼事對她的孩子最好的方式來讓我覺得內疚。她說：「仔細聽我說，甜心，這跟妳無關，靈魂只是要借用妳的聲音，如此而已。親愛的，我跟妳保證，我會在旁邊幫妳。如果妳遇到困難，我會立刻過去接下妳的工作。但我從過去的經驗知道，只要開始通靈，妳就會學著信任靈魂。妳剛才跟我說妳已經通靈兩次了，而且做得很好。妳還不明白嗎？那道門已經開了。靈魂在敲門，如果妳現在拒絕，他們就會離開，再也不回來了。妳會失去這個一生一次的機會，妳就是為了這個理由才出生的。」

「什麼？當個靈媒嗎？」這下我真的退縮了。「我不確定我想要承擔這個責任，老是要傳遞訊息，這樣我壓力很大。要是我錯了呢？要是有一次我真的錯得離譜怎麼辦？我不想傳遞一個不清楚或可能被詮釋錯誤的訊息。我這輩子做任何事都是很理智，我覺得當靈媒實在很像當醫生，總是要待命，因為很多人會來找我尋求答案。現在就已經是這樣了。這不是我想要的。」

「但有時候不是妳想不想要的問題，金，妳在出生前就已經選擇了。雖然妳現在才剛剛記起這個協議，但妳在很久前就簽下了這個合約。我跟妳保證，一旦妳接受了這個事實，妳的生活就會好過許多。妳一定要去市集，金。我很抱歉。我會教妳怎麼控制那些聲音跟妳說話，還有說話的時間。你要知道，在妳同意當他們的聲音之前，他們是不會停止的。」

我就是在這時候驚覺，以前我常自以為知道什麼對我最好，後來才發現我完全錯了。約會那些年的記憶湧現，我想起有兩次我堅決又頑固地以為自己知道什麼是愛，但直到我向宇宙臣服，我才被帶引到能給我最適合的愛的那個人。

我想起那個左臉被燒燬，死於死災的女孩。我感到後悔。她指望我傳遞訊息給她的父母，我卻沒做到。我現在知道我不該再抗拒荷莉的忠告了，我必須臣服於她對我說的。所有出現在我人生道路的人都在提醒我，我出生前答應的事。我從不曾自稱知道一切，也許現在就是學習新事物的最好時機；而所有徵兆都指向那個方向。

我開始意識到自己是個燈塔，宇宙為了某個緣故要透過我發出光亮，將指引的力量和那些需要我幫助的靈魂吸引到我這裡。沒錯，擔任「另一邊」的聲音是很重大的責任，但誰能拒絕神所授予的使命呢？

終於，我投降了，並且同意去靈媒市集。

訂下基本規則

那一整個禮拜我都好緊張，擔心要是在為人通靈時，靈魂不來怎麼辦？我沒有備案。我不會騙人——我沒辦法騙他們！然而，就像荷莉保證的那樣，靈魂真的來了，我們毫無障礙地一起順利完成了工作。大家排隊等候來找我，荷莉不停地朝我這邊微笑眨眼。一些人聽到答案滿意地離開後，隊伍就變得更長。荷莉看到排隊的人群，我也看到了。我不停地通靈，連喘息的時間都沒有，儘管事實證明我確實接通了靈體，我還是不停在想他們會不會厭煩，還是我的好運會用完。但靈魂很挺我，那天一直通靈到最後一個都沒出差錯。

為了確定我確實領會了這事的意義，接下來的那個禮拜，靈魂又用另一種驚人方式在我面前顯示。荷莉向來很能認出靈魂來時的徵兆，而且她會很快地要求對話。在她終於見證她早就肯定我所擁有的能力後，她要我幫她做個人解讀。她當時的生活正經歷難題，她希望靈界能提供一點洞見。我無法拒絕，於是我們約在當地的餐館見面。我們打算在那裡做完通靈諮詢後，一起享用午餐。你們現在已經知道，荷莉曾教我們在通靈前要打開通道，結束後要關閉通道。我一定是因為聊天或是被後來上的餐點分心了，也或者就是我練習得不夠，那次我竟忘了把自己的通道關起來。

我們隔壁那桌坐著一位老太太、她先生和一位年輕人。我輕聲對荷莉說：「妳看到我左邊那幾個人嗎？他們一位死去的親屬來找我。有個人一直說『萊斯利，萊斯利，萊斯利。』」（在那段時期，靈魂會一直重複自己的名字，直到我大聲說出來為止。）荷莉馬上採取行動，她對我說：「親愛的，妳知道妳必須要傳遞這個訊息。」

「不，我才不要。」我說：「我跟妳說是希望妳去傳達。妳是我的老師，我不想傳達，我想看妳通靈。」

她笑了起來。「金，他們又不是來找我，他們是找妳，聽到訊息的人是妳不是我。」然後你們知道她做了什麼嗎？她轉過身去對他們說：「對不起，我不是故意要打擾你們，但我朋友跟我是靈媒，她能看到已逝的人並跟他們溝通。我相信我朋友有訊息要給你們。你們的一位親人想透過她跟你們聯繫。」

這時候我尷尬死了，我真不敢相信她會這麼做，讓我毫無選擇。我終於說：「很抱歉，我通常是不會打擾陌生人用餐的，但有一位靈魂很堅持，他有訊息要給你們。我不得不傳達。你們認識一位叫萊斯利的人嗎？」

那個老太太的臉色大變，她看著她先生，然後說：「我當然認識。」

「哦，有個來自靈界的靈魂一直跟我說：『請說我的名字是萊斯利。』」
「那是我兒子，我兒子過世了。」她說。
我有點驚訝。「妳兒子的名字叫萊斯利？」這個名字對男人來說很少見。
「不，不是。我以前結過婚，那是他的姓。」
「喔，他只是想讓妳知道他很好。」我想趕快結束這個尷尬的場面，趕快回去吃我的沙拉，但我又聽到他說了些話，於是又幫忙轉述。「哦，他說到珊卓拉這個名字。」
「哦，天啊！那是我女兒，他妹妹。」
「我不知道還要跟你說什麼了。他就是對我說了這些。」
「我真的不知該說什麼。我根本不知道你是誰。」
我看得出她明顯在顫抖。「不好意思，我希望我沒有傷害或冒犯到你們，可是這個靈魂很強勢，我又是個靈媒，我必須把他的話轉達給你們。我沒傳話他是不肯放棄的。」
我感覺很糟。她嚎啕大哭，三個人立刻起身要離開餐廳，連飯也沒吃完。
她先生不停地說：「親愛的，走吧！我們該走了。」
這實在太瘋狂了，我不敢相信會發生這種事，我真的不知道她先生是在生我的氣還是害怕。他就是急著把他太太帶出去，但後來跟他們一起的年輕人走回來問我，可不可以有我的電話號碼。我把號碼給了他，但我懷疑會再聽到他們的消息，因為我顯然讓那個可憐的女人受到了打擊。

當然，荷莉的感受不一樣。她堅信當靈魂來找我們的時候，我們無論如何都要尊重他們的要求。「這是規則，妳知道靈魂來到這裡需要耗費多少能量？如果他們那麼努力，妳也必須努力幫他們。你一定要幫他們傳達訊息。」她堅決地說。

不管是她還是靈魂，都不必再把這個規則跟我說第二遍了。我知道她說的沒錯，於是在家裡設了一個私人空間，好讓靈魂能更有效地透過我溝通。米雪兒告訴了她的朋友，然後每個人開始打電話給我。

我決定，當還在學習靈魂的語言時，至少一年不跟人收費。如果有人想給我小費，他們可以在通靈後再給，但我自認還是個「靈媒實習生」，跟人收費我就是會感覺不安。

你們相信珊卓拉是那年最早來找我的客戶之一嗎？她起初用了所有的小把戲對我隱瞞身分，包括撒些小謊，因為她對我的能力存疑，在聽說她媽媽在餐廳發生的事後，她就想來測試我。然而靈魂可不接受，通靈時她哥哥很快就來了，而且揭露了她的身分。我們談了很多，我轉述的話讓她確定我是貨真價實的正規靈媒。她後來又來找過我很多次，她母親也是。大概一年後，我聽說珊卓拉的母親過世了，我很難過，但知道她已跟兒子團聚也讓人感到安慰。

如今回顧過往，我覺得他們這第一波來找我的人很重要，因為我向他們，也向自己證明了通靈是絕對可能的。人們不會被愚弄，尤其不會年復一年，一次又一次地被耍弄。我們的經驗——我們所感覺到的靈魂能量——非常真切。如果通靈這件事不是真的，我絕對無法跟他們分享那麼準確的資料，而且第一年就熬不過了，更何況繼續了將近二十年。透過介紹而來找我的人也獲得跟他們友人一樣品質的經驗，這又是更進一步的證明。

在那段充實和豐收的日子，我從荷莉、圖書館和不可思議的指導靈那裡學到了好多。我認為將這些早期課程放進書裡，對你們可能會有幫助。

通靈入門課

這個工作的第一要項，就是要跟靈魂設定一個表示你已準備好接收訊息的信號。荷莉說我需要立刻開始跟我的指導靈對話，他們會協助訓練我，因為他們知道靈界那邊所有的運作。當我對荷莉說我不知道任何指導靈時，她堅決地說那不重要。（記得嗎，雖然我早先向你們提到指導靈卡麗和她的教導，但我是在上了荷莉的課，知道了前世回溯並自己嘗試之後，才接觸到卡麗。）「他們已經在妳身邊了。」她向我保證，「妳只要知道他們在就行了。一旦妳相信他們在妳身邊，而且信任他們會一直在妳身邊，妳的靈媒生涯將會輕鬆許多。」

「好吧！那當我認知到他們在身邊時，我要跟他們說什麼呢？」

「告訴他們，妳需要設界線，一個執勤時間的信號會有幫助。然後選個你想要的信號並讓他們知道那個信號是什麼。」我不確定她的意思，於是她建議，也許我可以搖鈴並對他們說：「好，我已經準備好了，現在你們可以上前來了。」

不過，讓我清楚了解整個信號過程的，是她舉了孩子想博取注意力的例子。「如果妳正在忙別的事，妳要不就是叫他們等候，要不就是不理，直到妳有空聽他們說話。對死去的人也是一樣，妳要告訴他們，妳還沒準備好。妳必須直接表明，讓他們知道妳需要自己的空間。妳有家庭，等妳準備好的時候，妳就會聽他們說話。你會給他們全部的注意力。在那之前，一刻都不行。」因為家裡有三個男孩，所以我很能理解這個邏輯。

當然，我也必須設立一個信號告訴靈體，那天的服務已經結束了。荷莉的建議讓我大笑。「有的靈媒會戴著帽子睡覺。」她說：「當帽子一戴上，就好像是說『店面打烊了。』」她還告訴我，有些靈媒睡覺時頭上會蓋條毛巾，這樣他們的頂輪會保持在關閉狀態。

你不會看到我戴帽子睡覺，因為那不是我的風格。我後來決定，每當我想打信號表示可以接收訊息時，我就點一根蠟燭。靈魂看到蠟燭的火焰，就會知道他們可以過來，因為點亮蠟燭表示跟光連結。當結束時，我只要吹熄蠟燭就好了。我認為這是個很聰明的辦法，不過有個問題：在我想出用這個方法當作信號之前，我就超愛點蠟燭的。我常常點，因為我喜歡蠟燭在屋裡散發的香味。我在料理魚的時候，也特別依賴蠟燭的味道。但為了避免房子無時無刻都充滿了靈魂，而且讓點蠟燭當信號的用意失去意義，於是我決定把蠟燭保留為我跟靈魂的信號，而當我想在家裡享受清新香味時，就改用精油和香薰擴散器。這個方法很有效，而且大家都很滿意。

「只要送信，不要讀信。」這是我必須馬上學會的重要規則。（注意：不要跟先前提到的「你必須傳達訊息」的規則混為一談。這是兩個截然不同的概念。）隨著我接觸到更多客戶，我發現，靈魂會選擇以他們認為說話對象最能辨認出他們的樣貌，出現在我面前。這裡有個很棒的例子。一位十歲喪母的五十歲男性來找我，他的母親刻意以她死前不久的樣子出現。雖然我要一會兒才意會到，這個年輕女子正是這位年長男子的母親，不過這個兒子很快就認出我對她的描述，因為那正是他記憶中的母親。

有個更具體的實例發生在我為某家庭通靈諮詢的時候。我為一位女子聯繫她父親，他們全家人都在場，家中的每個人都希望聽到他的消息。這個靈魂告訴我他的名字、怎麼死的，還告訴我好幾個讓在場每一位都有共鳴的細節，但大家似乎都在等著我說出某件特定的事。這位男子穿一件紅色法蘭絨格子襯衫，我立刻認出那是個暗示。我知道我應該把這件事說出來，因為我不曾看過靈魂穿這種衣服，這真的很不尋常。大多數靈魂在我面前只露出脖子以上，所以當看到他們以特別的服裝出現，我就知道另有文章。我對這家人提到那件襯衫，馬上就獲得印證。顯然這個男子有二十件這種襯衫。他不是每天都穿同一件，他是只穿紅色法蘭絨格子襯衫。他們不知道原因，只知道他很愛這種衣服。他春、夏、秋、冬一年四季都穿這個風格的襯衫，很快就成為他獨特的標誌。他們在通靈前希望並祈禱這個細節也會傳遞過來。這個靈魂知道我只需要說出這件事，他的摯愛家屬就會相信我的通靈是真實的，於是他以適當的服裝出現。然而，我要是以別的方式來解讀這個信號，那我就會搞砸了。

比如說，如果我這樣問：「你父親是農夫嗎？」因為我把紅色法蘭絨格子衫跟那個工作聯想在一起，他們會因此認為我錯得離譜。於是不論我在那之前說了什麼，即使本來聽起來有道理或真實，這時都會開始質疑。我個人的聯想框架顯然會壞事。我在很早以前就學會不要去猜測靈魂為什麼以特定方式出現。現在我只讓人們知道我看見了什麼，這就是我所說的「只要送信」的意思。郵差並不知道他送到別人家門口的信件內容或代表的意義，他只知道他需要以信件預定的方式送達——不拆封也不要看。

在我完全了解這個規則之前，有一次，一位很強悍的靈魂挫敗地大喊：「只要說妳看見什麼就好了！」沒錯，有靈魂對我大吼大叫。他並不是我的指導靈。他對我這麼兇是因為，正如荷莉先前說的，靈魂得花很大的能量才有辦法從靈界來跟我們溝通。當他想透過我聯繫的親人不理解他想傳達什麼時，他實在受不了了，於是這麼對我說。從那時候起，我不曾再犯同樣的錯誤。拿我為那家人通靈的例子來說，如果我問他們：「你們的爸爸是農夫嗎？」那我就錯了。與其那樣問，不如這樣問更好：「紅色法蘭絨格子襯衫對你們有什麼意義嗎？」這樣就對了。這種不經篩選過濾的方式每次都管用。透過這種反覆試驗和摸索的過程，我總算學會了靈魂的語言。

靈魂速記法

說到語言，靈魂和我發展出一種能幫助我們更快速溝通的速記法。事實上，這是根據視覺符號所設計。這些符號大部分是他們事先教給我的，這樣在我看到那個符號出現幾次之後，他們就不再需要向我解釋。讓我說明一下我的意思。

我很早以前就了解靈魂無法一直長時間維持能量，因為當他們來找我時，他們需要降低振頻，而我則要提高我的頻率。這樣的調整很像是要求我們用單腳跳上二十分鐘——這要花很多能量。我的指導靈聽到了這些擔憂，他們早期處理的方式很聰明。一整個禮拜只送自殺過世者的靈魂過來，沒有中斷，每個通靈解讀都是因為自殺。隔週，每個跟我說話的靈魂都是因車禍喪生。再接下來的一個禮拜，每個來找我的都是因用藥過量。指導靈刻意安排這個方式，好幫我了解每種致命事件的符號。他們給我同樣死因的人並非巧合，這是他們的教學計畫。他們就是這樣教導我：當你看到某個反覆出現的特定影像就表示是癌症，或糖尿病，諸如此類的。對我來說，這真的是很別出心裁的教法！

以下是一些一再重複出現的符號，後來成了我使用至今的靈魂語言。很多符號的象徵意義很明顯，因為靈魂會盡可能表達清楚，使傳達的訊息準確。其他則是源自我自己的聯想。當然，靈魂不可能期望有個符號可以適用於我遇到的所有情況，因此我必須純粹轉述我在那些情況裡所看到的。新的象徵很可能就會從經驗裡形成，誰知道呢！

疾病

腦部創傷或腦瘤　那個靈魂指著頭部。

中風　一個大血塊卡在血管。

心臟和心血管疾病　包括會導致這些疾病的狀況，像是高血壓、高膽固醇、糖尿病等等，都是以靠近心臟的地帶有一大團紅色凝塊來表示。

免疫不全或愛滋病的血液疾病　通常由白血球和紅血球打仗來表示。

癌症　以癌細胞集中的地帶出現深色斑點來表示。當從較低的地方升到更高的地方就表示癌細胞轉移。

血液相關的癌症，包括血癌、骨髓癌或淋巴癌　通常是以一位護士拿著血瓶站在病人身旁來表示。這也可能代表需要輸血。

肺癌 以肺部的深色斑點或呼吸困難來表示。雖然我已經要求靈魂不要讓我有不舒服的感覺，他們可能還是會以這個方式來告訴我他們的病症，這也許是他們的天性——在世或死後都一樣——當轉述自己的故事時，喜歡提供所有血淋淋的細節。而且靈魂對靈媒的語言不一定熟悉，如果這是他們頭一次嘗試透過靈媒溝通，他們可能要試了好幾次，才會做到恰到好處。

乳癌 以乳房裡有豌豆大小的腫塊來表示。如果是惡性的，我通常會有胃部下沉的感覺。病況減輕是伴隨平靜的感受，在某些例子會感覺很有希望。

關節炎 通常是為我拼出這個字，或是用扭曲變形的手指來表示。

纖維肌炎 讓我的肌肉瞬間疼痛來表示。

肌肉、關節或背部受傷 我的身體的相應部位會感受到疼痛。

肌腱需要修復或膝關節需要更換 以我身體相應部位的疼痛來表示，或是我從第三眼看到膝蓋骨的畫面。（我們在第九章會進一步說明第三眼這個脈輪。）

職業

護士或老師　以伸出援手的影像代表。

警察、消防員或軍事人員　以伸出援手和一棟大樓或藍色制服的畫面表示。（甚至軍人也是以藍色制服顯示。）

技工、電工或資訊技術專員　以電線的畫面呈現。如果他是在電話公司工作，我事實上會看到電話公司的商標；如果他是為電力或瓦斯公司工作，就會出現長島電力公司或聯合愛迪生電力公司的商標；如果是在電腦公司上班，就會出現蘋果電腦的商標。

會計或理財規劃師　以某人頭上出現數字來表示。

餐飲從業人員或接待人員　以酒吧、餐廳、食物烘焙或肉類影像來表示。

治療師　某人的手發出光（有時是彩虹顏色）。頭頂上出現漏斗形狀的光也代表是療癒者、有心靈能力或會通靈。

律師　以簽合約或律師事務所外觀的畫面來表示。有人找律師商談或正在處理離婚手續，也是以同樣影像顯示。

音樂家　或具有音樂才華的人會以音樂符號呈現。

樂團成員　以吉他或一套鼓樂器的畫面表示。

建築師或工程師　或是有人在裝修屋子，都會以建築平面圖來表示。

隨機出現的影像

在某個東西上打叉　表示不該做某件事，或那件事已經被阻止。

一本書　表示有人正在寫書，或正在讀一本引發共鳴和興趣的書。

狗或貓　表示有寵物看到靈魂，或寵物已在靈界。

綠燈　表示靈魂同意這個人正在做的事並鼓勵他們前進。

階梯或樓梯　表示這個人得到加薪或是要進入人生的下一個階段。比如說，她可能要結婚，買房子或懷孕了。

特定數字　表示有紀念意味的特殊日子，舉例來說，某人死去的年齡，她／他過世的月份或日期，忌日或生日。

鳥、蝴蝶、銅板、汽車收音機或電子時鐘　表示靈魂在你身邊而且他們在讓你知道。

一杯白蘭地或威士忌　在某人手上，表示他不只是偶爾小酌兩杯。

箱子　表示剛剛搬家，或即將要搬家或換新工作。

手機帳單　表示有人欺騙會被抓到，或有人在跟蹤他。

Match.com　出現這類約會網站表示有人會在網上或透過社群網站認識某人。

烤肉或夏季聚會　表示家人團聚，或將遇到可發展成親密關係的人。

感恩節火雞、冬季節日的聖誕樹、七月四號國慶日的煙火，或是跟假日節慶有關的符號表示在那段期間發生的事件，有人過世或生日。

平行線　表示兩個事件一起或相繼發生，或是正被討論的兩個人有相似處。

袖子上有心型圖案　表示這個人情感或情緒展露無疑而且太過隨和，或是他／她需要在生活裡設界線。

門墊　表示此人有不安全感。

天上的彩虹　表示不論現況看起來如何，未來都會有好結果。

海洋　表示近期的一次旅行或遊輪之旅。

美國地圖或某州的形狀　表示某人跟那個地方有關，或很快就要去那裡。

卵巢或子宮 表示這個人正在做試管嬰兒、很難懷孕或無法生育。

我在第一年快速學到的其他重要規則是，靈媒為兩邊工作——生者和死者。有一次我為一位女子通靈諮詢時，她已故的父親過來了。她以非常肯定的口吻告訴我，她不想跟他說話。我很為難，我說：「呃，他想跟妳說話，他說他想為他做過的許多事向妳道歉。」他不是說得很籠統，他列出了好幾個特定行為。我從那個女子的肢體語言可以看出，我所轉達的完全準確。那一刻她對我說：「我這輩子都在努力讓他的生活好過，我讓他在別人面前有面子，我幫他找藉口。我告訴妳，現在他死了，我不想再安撫或安慰他了，因為他讓我過得這麼痛苦。」她非常火大地繼續說：「我為他揹黑鍋、掩護他，他什麼也沒為我做。」我很同情她，真的，我永遠不會忘記這次的通靈。但在同時，我還是得告訴她：「妳必須了解，我不只是為妳服務，我也為他服務。我是在中間傳遞訊息的人，我不批判妳，也不批判他，我只是轉達他的訊息。他大概剛剛也聽到了你的回應。妳需要解決這件事，要不然他現在也不會出現。沒有得到妳的原諒，他的靈魂無法前進。」這時她回答：「我還沒準備好原諒他，所以如果他無法安息，無法繼續前進，算他倒楣。」當然，我沒辦法逼她做任何她不願意做的事，但我必須表達雙方的想法。也許我在當時沒能幫上解決這件事，但我認為那次的通靈幫助了她擴展對死後世界的看法，知道了他父親正面對的處境。

我們離開人世之後，並不是整天躺著曬太陽。差得遠了。我們會從俯瞰的視角看事情，我們的觀點不再受限於過去成長的經歷、恐懼，或是不安全感這些因素。當你到了靈界，很多東西不會跟著你過去，像是憂鬱症或成癮。所以當回顧你的生命時，你是以靈魂清明的眼睛來回顧。那會是完整的觀點，你會看到所有在生前看不到的事——那些不論什麼原因而阻礙了你洞察的事；靈魂必須努力處理那個觀點。為過去造成的傷害溝通致歉，是我幫助這些靈魂的面向之一，這也是我為生者和死者兩方的服務。

常見的問題

順道一提，早在我為這位不願跟她父親談話的女子通靈前，我就發現，來找靈媒的人心中都有許多期待。就算這些要求只有一個沒被滿足，他們有時便會質疑先前所聽到答案的可信度。

清單

⊕大多數人一定要我通靈他們想找的親友，即使來的是他們認識的人，而且帶著重要或強有力的訊息。

⊕他們要我知道他們親友的名字。如果沒有名字佐證，即使說出沒人知道的隱密細節也沒用。

⊕當然，他們想知道他們的摯愛親友是否平安抵達了另一個世界，是否快樂。

⊕他們也想知道有誰跟他們過世的摯愛親友在一起。他們想確定已逝者的靈魂不孤單。

⊕經常有人問我，他們的親友是否能再回來看他們。如果可以，要如何鼓勵他們回來。我總是會告訴他們，這不是個好主意。要你死去的親人在進入光之後再以人形的幻影出現，這就像是要他們從才剛爬上去的陡峭高山走下來一樣。對他們來說太吃力了。你唯一可能見到他們的時候，就是他們剛死時。在他們進入光，到另一個世界之前，他們可能會來到你床邊道別。不過請放心，在那之後，他們仍舊在你身邊，只是以較不明顯的方式，而且他們也能傳送信號讓你知道。

⊕另一個常見的問題是：「我的已逝摯愛親友想念我嗎？」當然！但我必須解釋，想念某人需要先有時光的消逝，而在「另一邊」並沒有時間的概念，所以也就沒有我們所知的那種渴望。這是好事。當然，你在靈界的親人會想念你的吻，也許還會想念你做的肉丸子，但他們每天都能跟你一起，尤其當他們最愛吃的食物出現在周日晚餐的飯桌時。不過，你應該還記得，沒有了身體，他們也不需要身體的享受。他們只是來回味過去的記憶，而不是食物。只要能陪在你身邊就滿足了。

⊕人們也總是想知道，所愛的人過世前對他們做的一切喜不喜歡。

⊕在說對了上述所有重點後，他們會想要逝去的親人說說有關他們的事。這是人的天性，他們可能會問：「我母親對我目前的身體狀況有什麼看法？」、「我應該嫁給現在交往的這個人嗎？」、「目前這個還未確定的工作適合我嗎？」

很多人都誤以為他們的親人過世後，突然之間就會知道所有的宇宙奧秘，因此能夠解答許多我們想知道的問題。即使這些已離世的靈魂到了另一邊的死後世界，觀點確實遠比在世時廣闊，但他們仍需經過一段時間才會知道更完整的全局。而且，擁有額外洞悉力並不表示他們因此有干預自由意志法則的權利。請記得，過世親人進入了天國之門後，他們的個性仍然一樣。如果你的母親原本就好管閒事，那麼有關你人生的阿卡西紀錄，在她瞭解適當的協定和資料使用規則之前，她是看不到的。這些靈魂能提供我們的並不是絕對的答案，而是跟他們在世時會提供的個人意見或忠告一樣。因為即使到了「另一邊」，我們依然是在前往開悟的旅程。你已逝母親的建議，可能只是來自比她生前稍加擴展的思維心態。記得這點很重要。

在為許許多多人通靈諮詢後，我學到，最好不要向你已逝的親人祈求答案，或請他們滿足你心中的渴望，因為他們的力量有限，能否介入你的事情甚至需要跟更高階請示。此外，就如很多過世者的靈魂告訴我的，他們不能保證每次的答案無誤，因為結果如何也會跟他們在世親人的自由意志做出的選擇有關。但記得，事情也是有例外。為了保護你的安全，你過世的親友可以獲許介入，使你免於危險。他們會透過傳送警訊來改變不好的結果。靈魂有很多巧妙方式可以傳給你這樣的警訊。有時他們會出現在夢裡，他們也可以直接透過靈媒，或藉由你一位好友的口中告訴你訊息。記得安東尼的汽車收音機和他祖父的事嗎？當他們的訊息送出，你只需要開放心靈以便認出這些信號。還有跟你們提過不同的指導靈和天使的事？當你因為人生道路需要做出重大抉擇而去找人通靈解讀時，通常就是他／祂們主動出面來指點。他／祂們受到神的囑託，要幫助你做出最好的抉擇，以便你繼續走在靈魂的道路，並對所有相關人士有最好的結果。

當然，就算是個人指導靈也不能干預你的自由意志，但在解讀時，他們通常會出面提供能幫助你的人生過得更好的資訊。我這時就會進入靈媒記者的模式，開始問指導靈這個人需要學習什麼。為什麼？什麼時候？還有跟誰？我也可以研究阿卡西紀錄，然後把讀到的資料告訴個案，提醒他們的天命，讓他們自己決定那條路對他們的健康是否最好，那個人是不是該嫁娶的對象，或是要不要接那個工作。這時候我那永無止境的好奇心就派上用場了。比方說，如果某人的交往對象會施虐，而受虐細節是來自「另一邊」的親人，當案主知道他／她的母親也能看到這些事實，他／她會感到不自在或難堪。「他們看得到？」他們總會這麼問。不知為何，當他們透過已故親人的眼睛看到自己的人生，不需再給任何忠告，這就足以讓他們決定要改變處境了。

當第一年的靈媒實習生涯結束後，我知道我擁有的這個天賦是很大的責任。而現在，我是非常活躍的靈媒，我喜歡我的工作，即使是遇到意想不到的障礙時。我知道荷莉在教導我，靈魂在教導我，找我通靈的人也在教導我。

結束這一章之前，我必須提到我親愛的朋友和心靈導師荷莉．夏妮克在二〇一〇年的三月過世了，她的逝世讓我覺得心裡空了好大一塊。她死後不久來探視我，她要我放心，她在另一邊的世界很好，很快樂。那天很冷，我還記得是在一場暴風雪過後，我小心翼翼地走在結冰的路面。為了避免滑倒，我全神貫注在我的腳步，突然間，我聽到她叫我的名字。她的臉出現在我面前，就像平常我專注在別的事時，她想引我注意那樣。雖然荷莉有許多天賦，她最棒的天賦就是當老師。我不知道是她的智慧還是她的堅持對我的幫助較大，但我對這兩者都很感恩。我在寫這本書時，有好幾次感覺她就在我身邊。我知道她很高興她預見的我的許多事都成真了。我也很高興就某種意義來說，你們能夠認識她。

第九章　大家不要同時說話

建立秩序，讓重要訊息傳來

了解到這些來自「另一邊」的訊息對療癒人們的幫助有多大時，我知道我無法回頭了。我絕不能讓這些人失望，我身邊的人也知道這點。除了煮飯、陪孩子做功課、聽先生敘述當天發生的事，我每個清醒的時刻都在跟哀傷的人講電話或見面，幫助他們跟死去的親友溝通。他們非常注意我說的每個字，所以我必須給他們全部的注意力。跟我說話似乎能幫助他們保持理智。當然，我覺得自己必須配合。但隨著他們的要求越來越多，顯然我必須重新思考我要如何處理這整個過程。我絕不想失去內心對這個工作的熱誠，但我知道，如果我不趕快建立界線、修改些基本規則，我會厭惡跟世人分享這個天賦的決定。

我的家庭在成長，需求也在增加。遺憾的是，很多時候我跟往生者說話的時間比跟在世的人還多。甚至在深夜，電話還是會響。「我可以只問一個問題嗎？」當然，他們令人痛心的懇求都能讓我答應幫忙。

不過，某天晚餐時間打來的那通電話改變了一切。

我跟先生和孩子們談得正高興時，電話突然響了。我跟平常一樣接起來，結果自然是錯過了晚餐。電話那頭的女子要我先為她試通靈一段，她再預約。你能相信嗎？她告訴我，她所有的朋友都說我很棒，但如果我不是貨真價實的話，她不確定是否要浪費時間來見我。她劈頭就問：「妳可以在我預約前說一下有關我的事嗎？」我通常會很客氣和禮貌的回答，但這次我完全沒有過濾地說出心裡的話。「老實說，不行，這不是我的作風。」我說：「妳去剪頭髮時會叫美髮師先試剪，然後說：『好，妳現在可以把剩下的部分剪完了。』妳會這樣說嗎？」這就是我心裡出現的畫面。她走進一間髮廊，要求他們先剪一邊的頭髮，好讓她決定要不要給他們剪另一邊。經過來回對話後，我最後說：「我尊重妳的立場，但我沒辦法答應妳的要求。妳要不要考慮一下，等決定好後再來找我？」她說：「不，不，不，我現在就要預約。」

在那時候我意識到，雖然我不一定要為我的天賦收費，但我絕對應該為了無法陪伴家人而付出的時間收費。

當我回到餐桌，聽到剛才整段瘋狂對話的先生問了我幾個問題：「親愛的，妳還在擔心妳的通靈力不準嗎？擔心有一天妳坐下來為人通靈時不會有任何感應嗎？」我了解他說的，但他繼續，「這一整年妳做通靈諮詢時有發生過這種情形嗎？靈魂曾經有過沒出現的時候嗎？還是妳曾讓客戶失望過？」我想都不用想，答案很簡單。「沒有。不曾有過。有些做得比其他好，而且我每次都知道為什麼，每次都有學到。不過，沒有，我從不曾發生你說的情形。」

這時候，安東尼提出了解決方案。「人們需要靈界的見解和訊息，而妳需要一份有薪水的工作。」他說：「我想我們可以找到一個快樂的靈媒。妳為什麼不開始為妳做的事收取合理的費用呢？我會幫忙接電話。」

我終於同意了。我這位全心支持的丈夫了解我有需要實現的使命，他甚至願意跟我攜手並肩，協助完成使命。他開始幫我管理行程、接聽電話，並安排跟客戶會面的時間。我的問題解決了。他很快就建立了一個很有效率的安排方式，所有「只有一個問題」的客戶排在等候名單，而有緊急需求的客戶會被優先安排。要求通靈諮詢的人好多，不久後，名單長到要排到三年後！

偶爾有人會取消，我們便能提早名單上的下一位預約。很多時候，因為別人取消而得以提前會面的人，他們在靈界的親友會告訴我，是他們幫忙的緣故。我很快就看到一個模式，靈界非常積極地在參與處理我的行事曆。別問我他們是怎麼做到的，但他們會啟發安東尼安排日期給正確的客戶，而這些日期正好是他們的周年忌日、婚禮、生日或其他重要日子。連鎖效應在作用：安東尼在幫我，而靈界在幫我們兩人去幫助別人。

新規則

我知道需要改變的不只這些，如果我想幫助更多人，我也必須更有效率的執行通靈解讀。我開始教靈界要怎麼教我。我寫了一張常見問題的清單。我想知道要如何不用我探問，就讓靈魂主動給我他們在世時的名字，於是我想：「如果我的指導靈要每個前來的靈魂在我耳邊輕聲說出名字呢？可行嗎？」我們認為這樣可行，但如果能讓我看到他們拼出的名字或許也不錯，就像在黑板或電子白板上寫名字那樣。這樣我就能用看的，遇到不尋常的名字也不會搞錯。賓果！問題解決了。（要記得，在我練習通靈的這段期間，我只有跟已過渡到另一個世界較為合作的靈魂說話，我還沒發現要如何有效地跟困在地球層面、仍掙扎於尋找「另一邊」的路的靈魂溝通。）

當然，總會有些靈魂會跟我開點小玩笑，有的靈魂甚至還用象形圖來告訴我事情。有一次通靈時，我問一個女士：「我在妳頭頂上看到一塊鮮紅多汁的牛排，這有什麼原因嗎？」她的回答是：「我的姓是索爾斯伯利（Salisbury，與一種漢堡牛排同字）。」我們因為她已逝親人別出心裁的創意大笑起來。這個姓用寫的不會比這樣顯示給我看來得幽默。還有一次我看到某人頭上有台小型的三角鋼琴，後來發現她的姓氏是Piano（鋼琴）。我從未聽過這樣的姓氏，如果不是用這個方式，我怎麼也不會想到。她甚至還說要給我看她的駕照證明，但我信任靈魂不會說謊。

下一個常見問題是：「我的已逝親人現在跟誰在一起？」要回答這個問題會有點複雜，因為到時這個人會想聽到其他所有已逝親友的消息。這會需要對死後世界不同層級的運作有更完整的了解。因此我觀察，後來也得到了證實，層級較高的靈魂能隨時自由來去較低層面，而那些層級較低的靈魂則受到限制，他們不能到比他們層級更高的地方。由於這個出入許可的小問題，我必須找個能讓每位想來的靈魂，都能很容易就到達的聚集地點。所以後來我就把會面的空間設在最底層，也就是所有在身體死後的靈魂最先抵達的地方。這個層級通常被稱為星光層（astral plane）。這裡可被視為過渡的空間或進入更高層面的入口。

這個做法相當成功。因為靈媒必須提高振動跟靈魂說話，而靈魂必須降低振動跟靈媒溝通。在一個不那麼高階的較低層面會面，不但每個已經進到光的世界的靈體都可以去，而且也避免我們為了溝通而必須耗費太多能量。通靈解讀的品質因此顯著提升！

現在我真的有了進展。我一個接一個地找到回答問題的更好方法。可是，我雖然能更快收到資訊，通靈諮詢卻持續好幾個小時。這是因為我決心要讓客戶有最驚人最成功的體驗，所以不斷地探問，不停地追根究底。你們也知道，我是好奇的金。我需要讓自己滿意，因為我知道如果我滿意了，那麼我的客戶也會滿意。然而，大量的通靈諮詢加上時間的長度，實在令我精疲力竭。在一個晚上做了這麼多之後，隔天我會感覺像是處在昏迷狀態，整個人睡死了。通靈後我需要時間恢復，因此通靈隔天就必須是休息日。

新據點

某天，有對夫婦來找我，我為他們做了很棒的解讀，他們很滿意。我當時並不知道他擁有一間販賣天使相關產品的店面——有天使棉被、雕像、珠寶、汽車配件和其他商品。這家店的名字叫「我口袋裡的天使」，他的顧客都稱他天使比爾。解讀之後，他問我願不願意每周六中午到下午三點到他店裡為人通靈解讀，他說他店裡已經有幾位駐店靈媒，他發現這樣能吸引更多顧客。我後來同意了，因為我想這可以讓自己學著怎麼馬上把對的靈魂帶來並順利進行。我可以訓練自己使用計時器，在十五分鐘內提供每個人有品質的通靈解讀。這樣一來，我就可以幫上更多人聯繫已逝的摯愛親友。

我這麼做了一陣子，技巧也確實更進步了。排隊等待我通靈的隊伍也是最長的，所以一開始我覺得我是在提供更多人機會，但後來發現，有些同樣的面孔連續幾周都會回來，我因此決定試著用不同的方法來擴大接觸的人群。

我開始每周五晚上做聚會解讀。有些人會在家裡舉辦八到十人左右的派對，我就會到場進行個別的十五至二十分鐘的通靈。靈媒在每個新環境都會需要調整過程，這些派對場合也不例外。

當我為某人通靈時，其他人在門外等候，他們已故的親友也在等。不過經常會有靈魂插隊，譬如說八號客人的已故母親會來打斷正進行中的二號的解讀。我知道打斷的靈魂不一定是存心無禮——而是對某些靈魂來說，這麼長時間要維持能量是很困難的。於是我發現自己會走到走廊上問：「誰的媽媽是伊莉莎白？」或其他這類問題，以便讓那個靈魂在能量還撐得住的時候，有機會跟女兒聯繫上。

我聽過別的靈媒在這種家庭派對使用不同的做法。他們不像我給每個客戶十五分鐘一對一的通靈，他們做的是團體通靈。我知道這會是節省我和靈魂雙方能量的解決之道。當靈魂有需要時，讓他們自己上前說話比較合理。讓他們的親人全程都在房間，這也比我走到門外叫人好多了。

我以前不曾做過這類團體通靈，不過我的好友派蒂願意讓我在她家嘗試。她邀請了十個她認識而且願意當白老鼠的人。結果團體通靈非常成功，每個人也更加開心，因為在座者也能從彼此的通靈解讀獲益。連我都不敢相信所收到的訊息。

這次通靈後，我很快學到，在團體通靈時，我的指導靈介入的程度必須更多。因此我請他們把靈魂集合的空間設成類似劇院的舞台，然後請他們告訴那些要跟親友談話的靈魂，先站在一個隱形的簾幕後面，直到我叫到他們。當我準備好時，我的指導靈會把同一個家庭的靈魂成員帶到舞台中央，我就能完全專注在他們身上。可以這麼說，靈魂會由兩側「上台」。母方的親人從左邊，父方的親人從右邊，方便我辨認自己是在跟誰說話，而且每個人都有說話的機會。這樣的安排讓事情順利許多。

有些人永遠不會改變

大多數時候，這些家庭派對的經驗都令人獲益良多，但有時不是每個靈魂都會乖乖等到輪到時才開口，因為他們沒辦法維持能量太久。有時候是因為他本來就不是有禮貌的人，也許過世前是在超市也會插隊的那種。我以前總以為一旦到了天堂，我們就會變得聖潔，會具有聖人般的性格。你知道的，變得更像神。但實際情況卻非如此，很多靈魂仍然保有他們詭詐或古怪的個性。

我在頭幾次的通靈解讀就發現了這點。有一回，我在為一位當時不熟但後來成為好友的女子通靈。這位年輕女士的舅舅住在新墨西哥州，她和她母親住在紐約。她舅舅過世後，有關他死時的情況始終成謎，這位朋友和她媽媽對發生的事有幾個理論。由於距離遙遠，她們要自己去追蹤調查並不容易，所以有天她們決定邀我過去，看看能不能透過靈魂找出真相。這個男子馬上就過來了，使用的粗鄙話語讓我傻了好一會兒，我不是正經八百老古板的人，但連我都被他嚇到了。他出口的每句話都帶髒字，我本以為他用完了各種咒罵的詞彙，他竟還有別的髒話，我一點都沒開玩笑。他真的是男人中的男人，我看得到的他的身體部位，幾乎都佈滿刺青。他的用詞很粗俗，我不認為我能夠重複他所說的。但他確實說了些意味他妻子謀殺他的話而引起我的注意。他並不是直率地告訴我，而是讓我像看電影一樣的看到。

他當時站在客廳，他太太在隔壁房間跟另一個男人私下談話，我還來不及思考，這位舅舅的頭就被攻擊而失去知覺。他被拖進車庫。我還看到他太太跟那個男人把他放進車子，啟動引擎，佈置得像是他以一氧化碳自殺。我把看到的畫面告訴這對母女，並證實她們的親人絕對不是自殺。「是他太太做的，這件事跟保險金有關。」我這麼告訴她們，因為我也看到了。我後來說：「我真的非常非常抱歉，沒辦法把妳哥哥說的話轉述給妳們聽，他是我聽過說話最髒的人。」我一說完，這兩個女人開始大笑，她們不僅笑個不停，同時也在哭泣。她們這樣又哭又笑，我根本不知道發生了什麼事。她媽媽都哭笑得喘不過氣來了，許久後終於解釋：「如果妳見過我哥哥，妳就會知道為什麼妳剛才說的話很好笑；他不帶髒字就沒辦法說完一句話。」我就是在這時候確定了即使到了靈界，人的性格也還是原樣。後來的私人及團體通靈也多次證實如此。

多虧了我的指導靈，不久後，我在這方面又有另一個頓悟時刻。有一天在一次通靈後，我覺得很受挫，因為不論我多麼努力要那個靈魂給我更多資訊，他就是不合作。那天稍晚我跟一位友人通電話，談話間聊到我們在兒子學校認識的某人。朋友問：「是只有我這麼覺得，還是跟她說話真的很辛苦？」我說：「喔，天啊！有時候真的會很不自在，因為她什麼話也不說。我感覺自己一直說個沒完，當我給她機會接話，她卻只是聽，或只給一個字的回答。」我本來沒有把這段對話放在心上，直到那天下午靜坐時，我的指導靈提醒我，我稍早說的話。「金，就像校委會那個女士一樣，有些人在世時擅長溝通，死後仍是很棒的溝通者。也有些人就是很內向，跟他們說話會很困難，靈魂也是一樣。」我立刻想，「沒錯，沒錯。我是在跟很多不同性格的靈魂打交道。這些靈魂仍然是跟活生生真實的人一樣。我必須記得這點。」這個領悟讓我鬆了口氣，減輕我不少壓力。我不再覺得靈魂不想說話時，我非得繼續說下去不可。現在，與其責怪自己無法讓資訊持續流動，我只是說：「老天，這個男人還真安靜。」或是，「這是個話少的女人。」

職業風險

通靈有時因為內容會令人難以負荷，我在每次通靈前都會花些時間要求協助。我會說：「聖靈啊，請給我這個人需要聽到的話。讓我做一個心靈敞開的清晰管道。讓我傳遞療癒的訊息，傳遞對所有相關者最有益的訊息。請幫助我不批判，永遠將小我放到一邊，好讓我成為你們傳遞純淨和清晰訊息的聲音。」在絕大多數的通靈諮詢結束後，我會發現自己也被療癒了些。在我向前來問事的人確認他們的親友在靈界很平安的同時，我也是在自我強化離開這個世界之後，有那麼一個地方可去的信念；這樣的想法為我帶來平靜。

雖然在通靈後，我的心情常常是喜悅的，有時候卻也會灰暗。有些諮詢的內容會在我心裡盤踞好幾天，甚至好幾個禮拜，就像看了一部悲傷的電影。我沒辦法擺脫它們，有時心裡還會有種倖存者的罪惡感。如果我去參加烤肉聚會，我會想到那個痛失愛子，在家裡悲泣的母親。她沒有社區派對，沒有聖誕佳節的喜悅。我把別人的痛苦當成了自己的痛苦，我知道這樣並不健康。

對能量敏感，還有從事任何療癒工作的人，尤其是靈媒，需要有意識並主動積極地採取方法，讓自己的身體和情緒保持安好。

我先前提到經過一整天一個接一個的通靈諮詢，或是在家庭派對的大型團體通靈後，我的能量會消耗很多。這是除了吸收別人的悲傷和其他情緒與能量外，我也需要提高振動頻率，並經常透過自己的身體體驗來得知死因。還記得我說過有些靈魂會讓我感受到他們心臟病發，彷彿就發生在我身上那樣嗎？當有人是因肺癌過世，我會感覺喘不過氣來嗎？我的身體會感覺到子彈射來的衝擊，或汽車，或火車的撞擊？靈媒工作的身體耗損跟情緒耗損一樣強烈，只是情緒耗損較顯而易見。為了讓你們了解，我必須進一步解釋我們體內的脈輪系統，一個所有靈媒都非常依賴的系統。

脈輪

我在第二章簡略提到，身體有七個主要的脈輪，它們的作用是心靈的器官，產生能量並將能量傳佈到全身。它們的位置和一般的作用如下：

1. 第一個是海底輪，位在脊椎尾骨底端，這是幫助我們感覺穩定、踏實和安全的脈輪。
2. 第二個是臍輪，位於下腹部，就在肚臍下方。它提供我們熱情和創造力。
3. 第三個是太陽神經叢輪，就在胃上面和胸腔或橫膈膜下面。它驅動自決和意志力，是我們志向和動力的脈輪。

4.第四個是心輪，位於胸部中間的胸骨。它使我們能夠愛自己並用同樣的愛來療癒自己和他人。

5.第五個是喉輪，就在下巴下方，喉嚨的正中央。這個脈輪提升溝通，也就是我們傾聽和自我表達的能力。

6.第六個是眉心輪，也稱為第三眼輪。它位在額頭的兩眉之間。它賦予我們洞察力、覺察力和提升的感知力。

7.第七個是頂輪，位於頭頂。它提供知曉，與宇宙合一或同步的能力。

大多數的人並不知道脈輪，這是為什麼這些器官/感官功能並不活躍，而他們的直覺和心靈能力也大部分未被發展。一般認為，如果你的脈輪和通過這些脈輪的能量是穩定和平衡的，你的生活也會是穩定踏實和平衡。同樣的，如果你的脈輪和能量堵塞，你的健康和進展也會受影響，直到阻塞被清除，脈輪能量平衡為止。

跟這些脈輪相關的心靈能力大致如下：

當海底輪、臍輪和太陽神經叢輪——統稱**下三輪**——甦醒之後，跟我們所稱的心靈現象和能力有關，這包括了通靈（接收訊息）、心靈感應、預知，還有做夢的能力（對，做夢也被視為一種心靈能力，因為做夢狀態是靈魂出體的自然形式）。

當心輪、喉輪、眉心輪和頂輪——統稱**上四輪**——甦醒之後，它們產生的心靈能力使我們能更有意識地使用和控制天賦。

- 心輪甦醒後會產生強化的共感和療癒能力。
- 喉輪甦醒後會產生超聽覺力，這是一種用心靈／靈魂的耳朵聽到非物質界聲音的能力。
- 眉心輪或第三眼輪甦醒後，會有靈視力或看見非物質界的能力。
- 頂輪甦醒後會成為一個敞開的管道，能夠有意識地旅行到非物質層面，與全體意識合一，最終帶引靈魂覺醒到真實的本質。

雖然有很多靈媒會說他們在通靈結束後「把自己關上了」，以便向靈體示意他們已經休息，然而頂輪從不會是全部關上。它若不是打開，就是在打開的過程，或是被堵塞。要知道你的頂輪是否堵塞的最簡單方式，就是看你是否缺乏信念。毫無希望地活著或是有自己必須獨自度過這個所謂的**人生**的感覺，這樣的人通常沒有與更高的源頭連結。但是當我們平衡了其他六個能量中心之後，頂輪就有可能被喚醒。有時候當遇到重大危機，頂輪會自然開啟。比如說，當非常可怕的事情發生，有些人會很自然地呼喚上帝，這個向上帝（或無條件的愛）求援的深沉渴望，是我們的靈魂從一出生就跟聖靈相連的證據。當我們更接近源頭、上帝或一切萬有，頂輪開啟便是自然的結果。

頂輪是用來將更多的光帶進你的存在，好讓你能在靈性／精神上進化。如果你是靈媒，這個脈輪也是你在為靈魂傳遞訊息時，他的能量的進入點。這個能量通過與七脈輪相連的脊柱。透過脊柱，逐一連上七個主要脈輪。然後這些心靈器官用各自甦醒的能力協助解讀和溝通這些訊息。

你可以想像得到，這麼多年來有多少能量經過我的脊柱。我做過成千上萬個通靈諮詢，我喜歡笑說我可是有背痛來證明。幾年前我需要開刀來減輕因遺傳性的脊椎狹窄症而引起的疼痛。我諮詢了五個不同的醫生，每一位看過我的X光後，都不敢相信我的椎間盤突向這麼多不同方向，椎間盤像是被擠彎了。他們問我是不是曾經出過車禍，有位外科醫生還說，我的脊椎看起來像是七十歲的女人，而其他部位看起來卻年輕且健康。雖然我了解這個毛病是遺傳的，我也沒有反證，但我還是會忍不住好奇，那些流經我脊柱的能量在我背部的問題佔了多少份量。

話說回來，任何一個對周遭能量敏感的人，或從事任何療癒或光的工作者，尤其是靈媒和未來會是靈媒的人，都應該要學習淨化自己的脈輪，紮根、平衡能量，並提升自己的振頻！

沒有脈輪療法無法幫忙的問題！

有許多好玩和富有意義的方法可以協助支持你的脈輪系統。以下幾個是我個人喜愛的方法，還有每個人都該知道的一些基本方式。

- **為你的生活增添色彩！**把脈輪系統想成是七個不停在旋轉和散發能量的光

輪。每個生物的身體周圍都會散發出這種微妙能量，也就是所稱的氣場。氣場可以擴展到幾英吋或兩、三英呎之外。人體主要的七個脈輪分別跟特定顏色有關，我們在氣場的不同層可以看到這些顏色。（氣場的顏色會隨情緒而經常改變。由於你的能量場會流進別人的氣場，反之亦然，因此你可能會發現自己跟著別人的心情或情緒反應。要區分是自己還是別人的想法和情緒可能有點困難，如果你發現自己的心情變化無常，留意是誰在你的身邊。）以下是跟每個脈輪相應的顏色：

海底輪：紅色。
臍輪：橘色。
太陽神經叢輪：黃或金色。
心輪：綠色。
喉輪：藍色。
眉心輪或第三眼輪：靛藍或深藍色。
頂輪：紫羅蘭或紫色。

有個協助平衡和支持脈輪能量的好方法就是穿相應顏色的衣服。你也可以在家中或辦公室的佈置強調那個特定顏色，並食用那種顏色的食物。吸收顏色的能量有振奮心靈的效果。

- **讓大地之母幫忙**。許多水晶和寶石也具有支持脈輪的能量。那些寶石的顏色往往能引導你做出正確選擇，我在下面列出一些跟每個脈輪相應且最有效果的。當你想支持某個特定脈輪時，將相應的水晶放在家裡或辦公室，或是放在口袋，或當首飾配戴。你甚至可以在冥想時躺下來，把一個或所有七個水晶放在相對應的脈輪部位。看看以下所描述的相應功能是否有改善。

用紅碧玉支持海底輪。它對增強勇氣、保護、正義、性慾、血液循環、解除堵塞能量和貧血都有好處。

用紅玉髓支持臍輪。它也有助提升能量和創意思考，對減輕沮喪，治療不孕、氣喘、消化不良和腎臟問題都有幫助。

用金黃色水晶支持太陽神經叢輪。它也有助減輕焦慮和驚慌，提升個人力量、清明的頭腦、能量和彈性／思考的靈活度，並幫助消化。

用綠色東陵玉（也稱砂金石）**支持心輪**。它也能促進療癒，吸引財富和事業成功，維持頭髮和皮膚健康，舒緩痤瘡、過敏、頭痛和發炎，對肺部也有幫助。

用青金石支持喉輪。它也能協助釋放老舊的執著和悲傷、降低血壓、保護喉嚨，在大眾前演說更輕鬆自在，同時幫助戒除壞習慣。

用紫水晶支持眉心輪（**第三眼輪**）。它有助調整和療癒跟第六脈輪和第七脈輪有關的疾病或不安，開啟並強化靈性和心靈的覺察、保持冷靜、紓解壓力、提升視野和內省。紫水晶對提升直覺和發展靈通力是很強大的工具。當用它來支持第三眼脈輪（這裡是所有意識的能量中心），紫水晶能協助由平常的意識狀態轉換到更深的覺知狀態。

用白水晶支持頂輪。它有助提升直覺並連結你與神性心智。對靜坐冥想和清晰接收訊息特別有用。

除了以上述方式連結大地之母外，你也可以擁抱樹木，或貼靠著樹木站立，或種菜種花，因為樹木和植物的生命一直在轉化能量。它們以淨化空氣的同樣方式，幫助淨化我們的脈輪。它們不但能淨化我們的能量，也能幫助穩固能量。沖澡和游泳也有同樣效果。

- **盡情盡興地跳舞**。舞動身體能確保你的能量保持流動，並且很快疏通被阻塞的能量。伴隨舞蹈的音樂也會送出良好的振動頻率。
- **練瑜珈或打太極拳**。這兩種運動跟跳舞有同樣效果，它們幫助移除阻塞，讓能量更順暢地在身體裡流動。
- **開懷大笑**。笑聲具有感染力，這是散播正面能量的最簡單方法之一。它確實能提振你的精神。
- **讓你的愛發光**。盡量去愛並接受愛。愛有很多種，我們能享受和付出很多不同形式的愛。就算你還沒找到靈魂伴侶也沒關係，去幫助鄰居，對朋友友好，或是當志工。照顧寵物也有助學習無條件的愛。
- **把你的身體當作聖殿般地對待**。避免會耗損你能量的事，包括睡眠不足、有毒素的化學物、負面思想和壓力。擁抱正面思考，吃天然、有機和當地栽種的食物。享受按摩、三溫暖和其他能迅速提神的事。

- **花更多時間陪伴家人和朋友。**對外界事物的影響設下界線，比如工作和社交義務，讓身邊都是自己喜歡的人，這自然能在你的生活裡創造出平衡的能量。
- **禱告和靜坐冥想。**每天規律靜坐和隨興的冥想，有助吸引正面能量並和負面能量保持距離。有時我們難免身邊正好站著一位當天過得不順遂或心有憤怒的人。如果你每天通勤，要搭乘擁擠的捷運或公車，或發現自己在超市排隊時站在一個怒氣沖沖的顧客後面，你就會了解我的意思。我發現啟動脈輪、從氣場移除不好的能量，並幫助提升振頻的最快和最簡單方式，就是做下列的簡單冥想。記住，冥想不用是什麼大陣仗的事，或佔用你很多時間。它可以在任何地方並在你認為需要時進行，也就是隨時隨地可做。你越常冥想，你的脈輪就會越潔淨，你的氣場也會越強大。

好頻率冥想

- 找個舒適的姿勢，雙腳碰觸地面，頭微微抬向天空。你可以站或坐，隨你喜歡。（注意：光著腳較能幫助你連接大地。）

- 閉上眼睛，做幾次淨化的深呼吸。先從鼻子吸氣，然後由嘴巴吐氣，這樣做三次。
- 想像這是一個美麗晴朗的日子，你在戶外，明亮的陽光照在你身上。
- 在你的心裡，想像金色太陽的強大光芒從頭頂進入你的身體。隨著這個明亮光芒往下移動，它充滿你前額第三眼的位置。你現在能清晰看見以前被隱藏的事物。這個光慢慢地移到你的喉輪，打通了任何妨礙你說出真相的障礙。接下來，感受到陽光的溫暖滲進你的胸口並進入你的心輪。你看到一個旋轉的光球開啟了你的心去接納更多的愛。你現在放下所有的憤怒或怨恨，你的身體感覺不那麼沉重了，知道這個光芒正在洗淨所有的負面能量。你直覺地覺察體內的每個細胞都被更新，讓你成為嶄新和完整的你。現在感覺金色光芒往下穿透到肚臍上方，進入了太陽神經叢，你感覺更有力量、自信和強大。隨著每處都充滿了這個純淨的光芒，感覺它溢出到你肚臍下方的臍輪。你現在讓自己放下舊的事物，騰出空間給新事物。要知道這是使你更能找到人生目標的必要改變。允許自己自由體驗從未有過的幸福。你的靈魂現在甦醒過來了，它知道它真正的命運。隨著這個光往下移動到你的脊椎底部，你的海底輪被啟動了。你感覺被包裹在讓你感覺安全又安心的溫暖被毯裡。你感到安定和平衡。隨著太陽的能量進入你的雙腿，你往下看，注意到這個明亮的光已降到你的腳底並進入大地之母，大地將它轉化成潔淨和療癒的光球。這個光球迅速往上，直到來到你的頂輪附近，它在你身上灑下瀑布般閃亮、神聖的能量。你感覺脊椎底部有輕微的拉力，這股拉力將你連接紮根到大地，你感覺與宇宙合一。這裡沒有容納任何恐懼或不安的空間，你很平安、很安全，你是無條件地被愛。要知道，你是被完全地保護，沒有任何負面能量能傷害你。你現在的振動頻率已經提升了，你感覺更有活力和生氣；你是上帝特別的孩子。

現在你可以睜開眼睛並說些感謝的話。

你們有很多人可能還記得《重返靈異現場》播出影星泰坦・奧尼爾（Tatum O'Neal）的那集。我強烈感覺自己必須要把隨身攜帶的心形粉晶送給她，那是顆很特別的水晶。

有一次我為安東尼做前世回溯，外婆透過安東尼告訴我，要保持開放的心靈；粉晶就能幫助我們做到這點。粉晶是力量強大的水晶之一。它不僅能將羅曼蒂克的愛情帶進你的生活，也能帶來神聖的愛、自我的愛、還有對生命和生活的愛。粉晶確實能振奮你內在的能量，讓你準備好接受愛的各種形式。我想就是因為這樣，我特別喜歡這種水晶。

泰坦那集很耗人能量！那天有許多不同的能量在四周迴繞——泰坦對兒子的慈愛能量，她母親和演員法拉．佛西（Farrah Fawcett）的療癒能量，這些都是為了抗衡在廚房不停爭鬥的那對靈魂的負面能量，還有一些能量是泰坦過去的創傷所遺留下來的。錄完那集，我連續幾天都沒力氣活動。我後來為她進行一個特別的冥想。泰姮做了許多努力將過去生命裡的負面經驗轉化為正面。冥想時我便專注在那個轉化的能量，並將強大的療癒和改變的力量送往她的方向。

你們可以看到，我確實一直將療癒的方法應用在自己的生活和工作上。這麼多年來，我從靈魂那裡學到了很多；每次通靈時，即使是在許多靈魂同時跟我說話的混亂場面，我總能將它變成有意義的對話。我也用了許多工具改變能量，並且明智的使用能量。直到現在，我對於上帝提供給我們這麼多的資源，仍然深感驚嘆。

第十章　展翅高飛

學習辨識靈通力

除了私人通靈和家庭派對的團體通靈外，我的生活裡還有許多大大小小的事，因此根本不敢去仔細考慮未來。我是那種努力於活在當下，活在此時此地的人。我深受這句著名格言的啟發：「昨天已是歷史，明天尚未揭曉，今天則是上帝給的禮物，因此我們稱它為現在。」（譯注：present有禮物和現在兩種涵義，此句意味「珍惜當下」。）但我小時候確實會對未來有預感。我成長時期有個大笑話，直到今天仍是我們家的笑點。小時候我總是對我媽媽說：「媽咪，我以後會上電視。」她說：「真的嗎？」然後，帶著小孩天生會有的那種肯定，我補充說：「我就是知道我會上電視。」當然，母親從不會打擊我的夢想，哪有媽媽會這樣呢？於是她和其他家人開始叫我「電影明星」。甚至還給我取了個「伯爵夫人」的綽號，好像已經在慶祝我的成名似的。然而，現在讓我覺得有趣的地方，是我從不曾說：「我將會是電影明星。」、「我將會是女演員。」或「我將會是歌手。」我所說的是：「我以後會上電視。」當時電視上有很多電影明星、演員和歌星，但肯定沒有靈媒。我相信這就是為什麼我在宣佈那件大預告時，小心選擇用詞的原因。

靈魂顯然在那時候就像現在一樣指引我，而且他們不知怎地找到一種方式，在正確的時機把我帶到正確的人面前，幫助我開始電視生涯。

二〇〇八年夏天，一位友人在琳達．斯塔西（Linda Stasi）面前提到我的名字，琳達當時在《紐約郵報》擔任電視評論，目前則是《紐約每日新聞》的專欄作家。她聰明又時尚，媒體圈幾乎沒有她不認識的人。琳達對通靈現象並不陌生，她對這類話題向來都很感興趣。

我這位朋友告訴她——我當時並不知情——我有訊息要給她。她親切地同意在她的辦公室見我。那天我們到附設的餐廳喝冰茶，我知道我就是在那時吸引了她。那次的通靈，她最好的朋友來了，她告訴我，琳達把她的骨灰偷偷帶出國，撒在琳達知道她會喜歡的一個特殊地點。這些事的細節，像是時間、地點和理由，只有琳達、我和她朋友知道，但我想你們一定會想知道琳達是怎麼辦到的。她把朋友的骨灰裝在嬰兒爽身粉的罐子裡。很聰明吧！

當然，我會知道這件事令她非常震驚，因為沒有人知道。順道一提，就是這個靈魂的訊息讓琳達成了我最大的支持者。她深信我應該要有自己的電視節目，於是她立刻展開行動。她在家裡舉辦通靈解讀的聚會，邀請了一些很有影響力的朋友。要說我永遠欠她恩情還不足以形容她為我做的一切。當琳達說要做某件事時，相信我，她一定會做到！

派對中的賓客都是來自媒體界和娛樂界，大部份人的年紀都跟我差不多。但有一個男子特別顯眼，因為他比別人年輕許多，看起來大概二十五、六歲左右。我很好奇是什麼原因讓他來參加，但我沒問。畢竟，我是這個屋裡的靈媒。

當通靈開始，我四處走動，輪流為每個人傳遞訊息。首先，一個名叫「艾德」的男士的靈魂將我帶往坐在一前一後的一對母女。他想讓她們知道，他是不小心服藥過量，並不是自殺；這回答了這對母女數十年來的疑問。接下來，我被一位四十出頭的女士吸引。她的先生過世了，他生前是位有名的音樂家。她先生想告訴她，他對他的葬禮非常滿意，上千人來弔祭，包括許多音樂界的名人。於是我就這樣一個接一個地傳遞訊息。等我來到先前吸引我注意的年輕人面前時，他的祖母佛蘿倫絲過來了。她非常和善，我形容她的外貌時，非常清楚地看到她就站在他身後。她優雅迷人，而且熱心。「佛蘿倫絲，佛蘿！佛蘿！」她不停地說。她給我看關於她孫子生活的各種細節，並提供非常明確的證據，證明她一直在看顧著他。比如說，他即將買他的第一間公寓，距離過戶日只有七天。這是連琳達或在場的任何人都不知道的事。「我以他為傲，他要買自己的房子了。他的年紀已不適合跟室友同住。」這是從佛蘿口中說出的第一件事。

從祖母那裡得到有關事業、感情和家庭的建議後沒多久，這位年輕人走到我面前。他說他這輩子找過很多靈媒，但從來沒有一次是像這次。後來發生的事就跟電影情節一樣，這位大方的年輕人帶我去見A&E電視頻道的幾位執行長，接下來的事你們就都知道了。

打光、攝影機、開拍

我幾乎是立刻就以靈媒特別來賓的身份在《超自然界》（*Paranormal State*）節目亮相。我從不曾上過電視，所以自然緊張得半死。之前跟靈魂的溝通經驗從來不是在幾百萬名觀眾觀看的電視節目前呈現，但儘管緊張，我知道我必須追問我得到的任何訊息。我從不曾為自己設限或過濾被告知的信息，我也不打算要開始這麼做。在這時候，我必須完全信任我的指導靈不會讓我出糗。一如以往，他們是我的好靠山，我很快從感覺獨自展翅，到非常確信他們在幫助我遨翔。

在第二季的「捉迷藏」那集，我被安排去一棟有一百六十年歷史的維多利亞式建築的房子，去之前我完全不知道會遇到什麼事。我們後來知道有個母親帶著幼子最近才剛搬進這棟屋子，在徹底翻修房子的期間，某些鬼魂現象讓他們非常焦慮。燈光無故閃爍、早已失效的車庫自動門開了又關，連在那裡工作的承包商都被嚇壞了。

在我抵達前，新任屋主也告訴調查小組，有個人影在小男孩面前出現了好幾次，就她所知，這個房子以前曾用來釀造私酒。地下室被隔成許多有暗門的隱蔽小空間似乎印證了此事。她也提到在其中一個暗門後面發現一把槍。

我一走進那個家，立刻感應到腳下許多不同房間和隱藏空間的能量，我那時是站在一樓。我也感應到一個有鬍子、抽菸斗，名叫喬治的男人，還有以前有過很多小孩到那裡玩耍和讀書的強烈感覺，我納悶這裡是否曾經是校舍。就是在這個時候，我感覺有個小女孩的靈魂想引起我的注意。她很害怕，但她還是告訴我她的名字是艾比蓋兒。我不是很清楚她是以前住在這裡，還是只是經常來玩。她讓我看到她從狹小的管道間進入地下室，還讓我知道有一天大家都拼命在找她，但沒人找到的原因。喬治誘騙她去那裡玩捉迷藏，她後來死在這棟屋子。喬治殺了她，現在他們兩人的靈魂都被困在這裡。這位屋主很快想起剛搬到這裡時，她曾發現一個拼寫板、一雙鞋、一件襯衫和一些頂針嵌環。這些東西被藏塞在房間的一道門後面，那個房間的壁紙是一八〇〇年代的圖樣。

我從喬治的能量感覺得出來，即使他可以離開，也因為太害怕而不敢走。他很確定如果他一離開，他的秘密就會被發現。屋主在我傳遞這個訊息時，情緒變得激動，而且胸口感到緊繃。我看到艾比蓋兒抱著她尋求保護。這個小靈魂恐懼到了極點，她要直到喬治終於被命令離開，而且我們見到他的靈魂確實離開這個空間之後，才肯放手。後來的調查顯示，一位名叫喬治的男子的確曾在一九二三年到一九二五年間住在這個房子，某段期間他因神經方面的疾病在州立醫院住院過。艾比蓋兒存在的事也獲得了證實，但記錄無法確認她跟喬治之間的關係。

我們查出了很多資料，但由於時間限制或技術原因，不是我們發現的所有東西都能出現在最後的影片裡。無論如何，我最終瞭解到，我從靈魂那裡收到的訊息，不論有沒有在電視上播出，對我個人的意義都不亞於對觀眾的意義。那時是我第一次明白，我之前所發展的所有能力是如何有系統地結合在一起。一直以來，我知道我在很多不同領域磨鍊了技能，但我從不曾看到這些能力在這麼大規模的層面上運作，這一切都好令人興奮！

接下來A&E頻道安排我上《兒童靈媒》（*Psychic Kids*）。我開始擔任這個節目不定期的靈媒來賓。我很喜歡《兒童靈媒》，因為我小時候就有這些能力，因此對這些孩子的體驗能感同身受。我也發現，隨著我對電視節目的作業越來越了解，我不只感覺自在，而且還等不及想上更多節目。我最想上的節目，是能探索我有興趣的各種不同心靈能力與方式。

不久後，A&E頻道找我主持《重返靈異現場》……我的夢想成真了！一聽到這個節目的概念我就很喜歡，因為它代表了我多年來從事和磨鍊的各種心靈能力的整合。不必再像以前那樣抗拒自己的天賦，而且還能以許多新方式結合和實驗這些心靈能力，這真是太令人暢快了！

當我客觀地回顧過去漫長顛簸的人生路程，我意識到，靈魂先引導我學習前世回溯，好讓我了解靈魂的旅程，後來又引領我到靈媒的工作，讓我能一對一地向他人傳遞我接收到的訊息。隨著我看見能量的能力增強，我在醫療方面也有了直覺——就像不同的靈魂會讓我看到他們逝世的病因，並警示我人們氣場所顯示的病症（這些病症不一定會被他人注意到），隨著經驗和直覺力的增強，我因此也能夠建議找我通靈的人針對惱人的咳嗽毛病看醫生，或是不要曬太陽，去檢查一下那顆痣。這些年來我做的通靈，有些真的救了人命。

我永遠不會忘記，有一回一位女子已過世的父親傳來的緊急消息。他堅持要她女兒立刻帶她媽媽去照電腦斷層掃描。他一直指著自己的頭說：「在她腦袋裡。」那個女子立刻脫口而出：「告訴我父親，我已經在辦了。我約了下個禮拜，檢查媽媽為什麼經常頭痛。」但他很堅持：「不行，她需要馬上去看醫生，不能等到下禮拜。」有時當我傳遞這種很具時效性的訊息時，我並不知道對方會不會照靈魂的建議去做，但在這個案例，她照做了。不到一個禮拜，這個女子打電話告訴我，她聽了已故父親的建議，決定立刻帶她媽媽去醫院看診。她向醫生解釋，有個靈媒說她母親需要照電腦斷層掃瞄。我猜那些醫生不得不同意，知道若不這麼做，當真有事情發生，他們就難辭其咎。

後來醫生證實，幸好她的動作夠快，因為她媽媽的大腦裡有個血塊，隨時會影響血管爆裂。醫生說，如果她做了某個危險動作，或不小心撞到頭的話，就不妙了。他也說這種腦血栓病症有時會在睡眠中發作。醫生緊急動了手術，解除了大腦的壓力。他們給她抗凝血劑，之後又繼續觀察了一陣子。一年後我又為這位女士做另一次解讀，她很高興地說，她媽媽現在過得很好，頭也不痛了。我不僅之前有幸傳達救命訊息，這次通靈我也有榮幸知道有個新生命即將到來。天下再也沒有比知道一對曾經難以受孕的夫婦將要有小寶寶更好的消息了。

整合了這些天賦，使我既是靈媒也是療癒者，通靈的品質亦大幅提升，為我現在的路做好了準備。我意識到對每個新開發的技能，我必須要發揮比接收和傳遞訊息更多的效用才行。我必須教育人們，向他們解釋他們還不知道的事。我被電視媒體吸引是因為它能接觸到廣泛的大眾，尤其是《重返靈異現場》這個節目，它是我在本書一開頭提到的，以愛和瞭解取代恐懼的好方法。

除了為人們向思念的靈界親友問候、去除是否有來世的疑慮，我感覺我必須用非常實在與個人的方式向他們保證，**死亡並非生命的結束**。不論我們這一次人世是如何度過，永遠有寬恕、超脫、自省、持續的成長、更新的人生目標，以及努力讓人生更美好的另一次機會。而且永遠有許多資源能幫助我們做到。我真的相信《重返靈異現場》證實了這點。每每聽到受困靈魂為我們傳達的訊息，總令我感到不可思議，這也顯示我們每個人都有要扮演的角色。

我同時也發現，我的不同天賦使訊息更能完整成形。我也越來越意識到有多少人想聽到那些訊息。數百萬人跟我一樣，都對永恆的靈魂之旅充滿好奇。等待我通靈的名單排到了三年之後，便意味著我們都需要得到確認，知道靈魂能超越肉體的死亡，然而，光是對這個話題感興趣的電視觀眾數量便讓人更加吃驚。電視上不只有《超自然界》、《兒童靈媒》和《重返靈異現場》這些節目，甚至還有一整個電視頻道專門探討這個議題！

當然，我花了很長時間才瞭解自己的心靈能力，所以不論你們的天賦是什麼，或是對哪些心靈能力有興趣，我自然不期望在讀完這本書之後、在今年或甚至十年間，一切就都完全成形。我也不期望你們追求的各種心靈能力會與我的一樣，除了我探索的這些，還有許多其他方法可以選擇。但有個真理卻可整體適用：當你瞭解到每個心靈能力都會彼此增強，並以這樣的認知去探究你的好奇心和深入研究時，你的技巧會進步得更快更自然，而且絕對會擴展你目前的能力。

辨識和擴展靈通潛能

靈通力不僅是心靈能力的基礎，它們也會強化彼此。你們應該記得當我剛開始體驗到這些能力時，我感覺像是它們為了博取我的注意力而在互相較勁；很像綜合格鬥，幾乎沒有任何規則。但現在回想，我了解到它們其實是合作無間。靈魂想傳達給我有關我靈通力的訊息，但因為我刻意忽視我的天賦，所以每個靈通能力輪流上陣，看看哪個能先把訊息送達。如果你想你的靈通力以較不誇張的方式登場，這是我給你們的建議：**不要忽視它們**。見見它們，跟你的靈通力做朋友，它們已經存在並在你的日常生活中協助你了。有的靈通力比其他能力明顯，至於哪種較明顯或主導則因人而異，但一旦你了解它們，你會發現它們全都支持著你，而且它們喜歡合作，以你想像不到的方式來增強你的能力。

為了證明這點，讓我帶你去一個能讓你立刻觀察到好幾個靈通力的地方：旅館。我選這裡是因為我經常旅行，而這是提醒我，我的靈通力總是存在的地方之一。我也許它們不會像出席集會般同時在場，但在任何一次旅行，總會有好幾個出現。我認為它們是在高度戒備的狀態，因為它們知道我在新環境，我會需要它們的協助。

它們之所以高度戒備也是因為旅館每天都有很多不同能量進進出出——這些能量會影響我的體驗。即使是在最寬敞旅館的空間，也很容易吸收到別人的能量。

比方說，我先生和我準備去旅行的前一晚，我**直覺的知道**有某件事不對勁。我心中一直有揮之不去的想法，覺得最好還是再確認一下預約，縱使我已經有了訂房的確認號碼。於是我打電話給旅館，也幸好我打了這通電話，因為電腦系統裡沒有我的預約，不論是哪裡出了錯，人為疏失還是電腦，旅館並沒有我的預約記錄。但因為我打了電話確認，旅館管理部才能把最後一間空房給我。我很好運，那是一間豪華套房，但他們只收我一般房間的費用，為這次的錯誤致歉。這樣的感應就是**超認知力**在作用！

我很興奮地抵達這間旅館，我聽說了很多有關它的好評，但我從不曾住過或看過它的網站。這是助理為我安排的，還說這是被高度推薦的旅館，但我完全不知道它是什麼樣子。然而，我想像房間的裝潢，從風格到牆壁顏色，我很確定這間旅館非常古典，但當我進入旅館，我發現跟我想像的迥然不同。它是完全現代化的裝潢，但我看到的畫面也沒有錯。服務生告訴我，旅館最近才大幅裝修。我問了有關以前的風格，果然沒錯，我浮現的畫面就是它改裝前的樣子。這是**靈視力**在作用，很可能因為我是高度視覺性的人；我喜歡注意視覺上的東西。

雖然旅館職員的親切服務和美麗環境讓我心情愉悅，進入房間後，我卻感覺焦慮。我的胃部糾結，心跳也莫名加快，甚至有點喘不過氣的感覺。「哦哦，怎麼回事？」我心想。我打開電視想轉移自己的注意力，但一碰觸到遙控器，頓時有股強烈的憤怒。我不知道在我之前是誰使用過，但我感覺那人很需要去上情緒管理的課。我跟先生準備下樓吃晚餐，我們對走廊上的清潔人員點頭微笑，她對我們說：「能看到開心的夫妻真好。在你們之前住在這房間的夫妻整天都在吵架。」這解釋了我感覺到殘留在房間的沉重感。這就是超感知力在作用。這也提醒了我要淨化和保護自己不受他人能量的影響，在旅行時我都會盡量這麼做。

隔天早上，我要去參加一個重要的會議。我帶了筆電和一些我想分享給與會人士的資料。這些東西不是很重但比較累贅，當我到了電梯前，我對自己說：「太好了，只要等兩層樓。」這是我內在聲音的觀察，但後來我聽到另一個聲音說：「也許妳還是走樓梯比較好，妳不會想遲到的。」我提了這堆東西，電梯看樣子隨時就要到了，腦中卻出現這種不合情理的選項，但當我走到樓下大廳，看到電梯故障的告示，還有技工忙著修理時，我認出了那個聲音，那是**靈聽力**（也稱**超覺聽力**）在作用！有時我們很難分辨哪個是內在的聲音，哪個是靈聽的聲音，但如果其中一個是要我去選較不明顯或不那麼理所當然的選項，通常就是靈通能力在跟我說話，所以我會試著不去質疑或猜測。

我還不曾在旅館裡體驗過**超感官味覺（靈味）**，所以我就讓你們運用自己的想像力去想像它是如何運作的。我先前說過，有些靈通感應的能力比別的明顯，而這個並不是我的強項。但你們知道是怎麼回事，對吧？如果你們曾有過類似的經驗，那麼可以確定你已經跟你的靈通力通上話了，你只是沒意識到而已。你也可以稱它們為直覺，但它們每個都有特定名字，而且都以超感官／「靈」（Clair）字開頭。

我希望這能向你們證明，不論你們有無意識到，你們每個人都有心靈能力。現在想像一下，如果你能認出在你生活中出現的靈通力，那麼你會是多有感應能力，而且當它們跟你其他心靈能力齊力合作時，不可思議的事將會發生，就如那些發生在我身上的事一樣。

接下來的練習能幫你們逐一熟悉比較活躍的靈通能力。在家試試吧，玩得開心！

在開始前，有幾件要注意的重要事項。

- 我先前已經說明與每種靈通力相對應的脈輪。在練習之前，請以我在第九章建議的方法先淨化脈輪。如果你的靈通力在你未察覺的情況下，已為你的益處運作了一輩子，你能想像在這些脈輪裡有多少能量殘渣嗎？脈輪很像海綿，使用越多，吸收的其他能量就越多。吸收的其他能量越多，它們就越需要淨化。所以請牢記在心，不只是在每次練習前，隨著你經常運用每個靈通力，更要常常淨化。請養成經常淨化脈輪的好習慣。
- 所有這些練習都應該在安靜、舒適的空間進行，在一個不會打斷你或令你分心的地方。
- 每次進行時，雙腳都要穩穩地踏在地面。
- 如果你的念頭跑到了每天要辦的事情上，帶著覺察試著把那些想法放下。提醒自己，這是刻意為自己安排的特別時間。
- 最後，做幾次深沉、淨化的呼吸。現在你可以開始了。

你看到我看到的東西嗎？

啟動你的第三眼脈輪和開發靈視能力

為了認識並運用靈視力——看得清晰的能力——並幫助建立與靈視力更好的關係，你需要專注在心裡的電視螢幕。這是你以感應力接收訊息的地方，跟小我或透過你的思考過程傳給你訊息並不同。這是跟視覺記憶浮現的同一個螢幕，也是你的白日夢或想像力活躍的螢幕。

因為我處理視覺資訊比處理聽到或讀到的資訊來得快，在我的靈通力甦醒期，靈視是最早出現的能力之一。如果你不是視覺型的人，別煩惱——你還是可以學習訓練你心靈螢幕的眼睛。你可以做我在第一五六頁描述的簡易遙視練習。當你準備好要做更進階的練習，或想變換練習方式時，試試下列方法。

這個練習需要請一位朋友挑選一些世界各地的照片，可以是你以前的家，你去過的觀光景點，或你從未去過的遠方。在練習結束前你都不能知道他選了哪些照片。

確定你的手邊有紙筆。

和友人背靠背地坐著。請朋友在心裡逐一把每張照片的能量投射給你。

不要思考，只要接受和感覺傳送給你的影像，然後寫下或畫下你看到的任何東西。如果你看得不具體或不是很清楚，那就寫下呈現的顏色和形狀。把來到心裡的任何東西記下或畫下來。有時候你會在心靈螢幕看到那個物件或場景。有時候你可能畫出正確的形狀，有時只看到正確顏色。我說這個練習比先前的遙視法困難，是因為要專心在一張有多個圖樣的照片而不是單一物件。不論是練習哪種方式，記得，這是一個過程，練習越多，進步也就越大。

「靈聽」給你的訊息！

啟動喉輪，學著更擅於辨識靈聽力

注意我前面說的：「學著更擅於辨識靈聽力。」這是因為這個特定的靈通力很微妙，它是較能自然啟動的靈通力之一，所以你不必然需要開發這個能力，你只需區分它的聲音跟你自己的聲音。讓我解釋一下：靈魂世界，包括我們的指導靈和天使，向我們溝通他／祂們細微訊息的其中一個方式，是透過我們的內在聽覺，有時這被稱為靈性的聽覺。當我們發展這個清晰聽覺或靈聽時，喉輪——也就是負責跟宇宙溝通並說出我們真相的能量中心——就啟動了。換言之，我們經常在內心跟宇宙對話卻毫不自知。我們不知何故，相信只是在跟自己對話。回想我在旅館的電梯前，我自己的聲音說：「太好了，只要等兩層樓。」接著是我的靈聽聲音：「也許妳最好還是走樓梯，妳不會想要遲到。」因為要區分腦袋裡的聲音和自己的想法並不太容易，我是直到走到樓下，看到電梯故障的告示後，才認出那是靈聽的訊息。在接收靈聽訊息的時候，訊息可能令你不解，你會想：「什麼？我為什麼會聽到這個沒有道理的指示？」快訊！快訊！這個聲音不是來自你，你收到的是來自宇宙的重要資訊。一個神聖的力量想讓你的人生好過些。

無論如何，有些人的靈聽經驗比較容易上手，因為他們的體驗不太一樣。以他們的例子來說，他們是透過外在的微弱聲音聽到訊息。最常見的例子是他們聽到死去親友叫他們的名字。在這種情況下，當聲音肯定是別人的，很顯然他們是體驗到靈聽力。大部分靈媒，包括我，都有能力體驗這兩種情形。不過當我在通靈時，聽到的大都是外來的聲音。靈魂幾乎都會對我輕語他們的名字，所以我可以轉述給他們的親友，讓他們確知即將聽到的訊息是真實的。

但如果你是像多數人一樣，只透過腦中的聲音——也稱為「內在聲音」——經驗到靈聽，下面是一些快速和有趣的練習，它們能幫助你更容易分辨靈聽的聲音和你自己聲音的不同。

第一個練習是提升你對這些對話出現時的覺察力。將你所有的「電梯經驗」記錄下來，你知道的，就是當有個聲音要你選擇兩條路中較不明顯的那個來幫你避開困難時。當你知道它有多常出現，就能幫助你學習信任這個聲音。

第二個練習跟學習用心傾聽有關。我們住在一個充滿噪音的世界，早已習於隔絕掉大部分的聲音。為了調整你的聆聽技巧，請安排出時間，在家裡安靜的一角播放只有樂器演奏的音樂。古典樂、爵士樂，無論你偏好哪種曲風都可以。讓音樂融入你的身體，當放鬆後，選一個樂器的聲音，只跟著那個樂器的彈奏，直到你聽到的只有那個樂器。再重播一次音樂，但這次選擇專注在不同的樂器。當你不是用這種方式聽音樂時，所有聲音和諧美妙地匯集融合在一起，傳達你可能沒在意識上注意到的訊息。但當你很注意聆聽每個個別樂器的時候，你可以聽到每個樂器對你說的話。當你再重聽一次這個曲子，我敢打賭你能聽到不同樂器和音樂家彼此間的對話。這時候你是在一個全然不同的層次聽這首曲子。你聽到不同聲音的對話，這就是靈聽力在發揮作用了。你的聲音和宇宙的聲音聽起來幾乎會是一樣的，但當你練習聆聽不同的樂器，你也在練習聆聽不同來處的聲音，你便能聽到並遵循那個對話裡的智慧。有些音樂作曲家無疑是最具靈聽力的人。我認為他們部份的作品是來自跟他們已習於並融入的能量、頻率和振動間的合作，這是為什麼音樂這麼提振心靈的緣故。

由於靈聽力和超認知力經常合作，我在先前討論有關超認知力的章節便已分享了第三個練習：自動書寫。當你們訓練其中一種靈通力時，每一種都會受惠。

了解事物的核心

開啟並平衡你的心輪，啟動臍輪發展超感知力

超感知力或許是所有直覺技巧裡最主要的，它大都與感受和情緒有關。要了解這種感應的最好方式就是把情緒想為「移動中的能量」。空氣／環境中存在許多能量訊號，隨著我們心靈感官的發展，我們就更能感應／調頻到這些振動。超感知力最能透過七個主要脈輪中的兩個來發展：心輪和臍輪。

先談心輪。人類能感受到各式各樣的情緒，像是興奮、憤怒、喜悅、恐懼和悲

憫。然而，心輪的功能是給予和接受純粹的愛。這包括自愛和無條件的愛。擁有一個健康和平衡的心輪能讓愛在我們身上流動進出，自由不受限地產生滿足、寧靜、喜悅、寬恕和感恩等副產品。

我相信你們一定聽過「用心聆聽」這句話。要這麼做，我們必須先練習用心輪去感受，讓自己更能觸及內在情緒。可惜的是，很多人從小被教導要隱藏他們的情緒。表達感受通常被認為是懦弱和脆弱的。我們文化中的男性尤其如此。在他們還小時，當他們以哭泣來表現悲傷或對他人的同情，別人可能就會告訴他們：「勇敢點」、「拿出男子氣概」，或是「別那麼娘娘腔」。如果你經常聽到這樣的話，你會開始遵守。我們的心輪就是這樣一點一點地封閉起來的。雖然你不想讓你的善良親切被誤認為軟弱，但保持心靈完整仍然很重要。為了有比較健康的心輪，以下幾點是必要的。

- 給自己和他人更多的愛
- 練習寬恕和感恩

• 展現慈悲心

下面的幾個練習很簡單，而且一定可以刺激沉睡已久的心靈。有很多別的方法可以連結你的身體感受或情緒，但讓這幾個先幫你起頭：

安排一個沒有別人在家或不會有人打擾你的晚上。租或下載一部以前很想看但一直沒機會看的催淚電影。一定要在家看，這樣想哭的時候才能盡情哭泣而不必擔心周圍觀眾的反應。穿睡衣或運動服，讓自己舒適地觀看電影。喜歡的話可以準備點心，但盡量不是那種美味到極點，結果零食成了當晚的重點而不是電影。身邊放盒面紙。現在可以開始看了。再次重複，你必須自己一個人看，這樣才能不會覺得不好意思地感受自己情緒的全部力量。電影結束後，注意自己的感受。你體會到怎樣的情緒？你心裡出現什麼畫面？有什麼個人聯想？

另一個練習是寫一封不必過濾的信件給曾經傷害過你的某人（當然不要寄出去！）對這個人誠實，既然永遠不會寄出這封信，你就可以完全抒發你的情緒。這個練習之所以棒的原因，就在於它不僅能讓你聽到自己情緒的聲音，寫信過程中也能釋放傷痛。

現在來討論臍輪。如我先前所說，感受和情緒不僅是透過心輪，也透過第二脈輪，也就是臍輪滲入。我們每個人生來就有原始本能／直覺，這是為了幫助我們在人生未知的領域航行。大多數可信的靈媒每天都會自動接通這些無形的能量振動，幫助自己和他人詮釋不容易了解或解釋的感覺與情緒。他們通常是透過傾聽、信任和依賴他們的「直覺」。當你變得有超感知力，你也能感應到其他感受，像是感覺到有靈體出現在周圍時的背後一陣涼意或汗毛豎起。這也可以解釋當你獨自在房間為什麼會感覺有人輕拍你的肩膀。它甚至能讓你感應到危險。由於超感知力是**清晰的感覺**，它可以幫你在電話響起前就知道是誰打來的。

很多跟警方合作協助尋找失蹤兒童的靈媒所依賴的超感知形式，稱為觸覺感應，我們之前在第七章討論過。靈媒能夠透過物件接通失蹤者的能量振動，那個人曾經穿過的衣服或戴過的珠寶吸收了此人的能量，因此他的物件能提供靈媒許多線索，包括失蹤者的思維／心態或是情緒。靈媒從這類物件所得到的細節可以做為好或壞消息的指標。

接通能量共振的宇宙也能將你渴求的事物吸引到面前，但要小心你渴求的是什麼，因為那就是你會得到的——能量不會去分別，而且思想就是能量。雖然開發這個靈通力對幫助他人很有用，但要知道，當你接收到別人的思想、感覺和情緒就像是自己的情緒時，可能會有點累贅。同理心的定義是了解和共享他人情緒的能力，同理心也是通往慈悲這個美好情緒的入口。只要做些練習，你很快就能區分自己和周遭他人的感受和情緒。除了在一五三頁提供的觸覺感應練習外，下面的練習是透過臍輪幫助你加強超感知力。

拿一張你完全不認識的人的照片，也許是朋友的朋友。召喚你的心靈感受和情緒來告訴你這個人的故事。可別讓他們的笑容騙了你。你的朋友可以證實你的描述接不接近這個人的實際生活。

成為全知

啟動頂輪來開發超認知力

超認知力是一種知道某事，但不知道如何或是為何知道，它可以是沒來由地突然知道。之所以發生很可能是因為你接通了宇宙心智，吸收了就這樣進入你腦袋的隨機想法。這個資訊透過你頭頂的頂輪進入。當頂輪被啟動，這個脈輪具有漏斗的功能。事實上，當我在一個頂輪已開啟的人的身邊，我可以看到他們的頭上有個漏斗狀的東西。這表示當這個人準備好而且也願意接收時，靈魂就能灌注資訊。

就像你很難區分是你自己的聲音還是因靈聽力而聽到的他人聲音，同樣的，你也很難區別是你自己的想法，還是因超認知力而接收到的他人思想。然而，透過反覆試驗和摸索，我已經學會藉由觀察思想來區分。一個人自己的想法是經由意識心形成，通常會受到小我的影響。自我意識總是會努力合理化你基於參考架構的想法，並努力保護你不受嚴重的失望或失敗所傷。相形之下，超認知力是沒有偏見的思想進入你的意識心，這個思想不是來自你，因為你沒有得知相關資訊的背景／環境，它是來自一個更高智慧的所在。換句話說，你那時的思考模式跟這個思想的形成無關。在這個情況，你只是那個思想的觀察者，而不是產生者。

有時你可能會質疑自己為什麼會這麼想，或究竟是如何知道這事的。舉例來說，之前我知道應該打電話去確定我預訂的房間，但我並不真的知道為什麼。那個想法不是我自己的，很可能是我的指導靈的念頭，他知道我到了那裡如果沒房間住，情況會有多糟。很多靈媒和通靈者會使用超認知力，他們所得知的是在較高界域的幫手灌注到他們意識的資料。我們能接通的資訊是取之不盡的，從預知未來到各類預警都有。你曾有過把別人要說的話說完，只因為知道他要說什麼的經驗嗎？或者當有人對你說謊時，雖然你沒有懷疑他們的理由，可是你全身上下都知道他們沒有說實話？創造力強的人和許多發明家都有很強的超認知力，這個能力帶給他們工作上很多靈感。很多人甚至承認點子就這樣出現在他們腦海。

請注意，即使在我們睡覺時，超認知力也會試圖滲入——傳訊息進來。你是否曾經一覺醒來，心中有個很棒的主意，非得採取行動不可？或是醒來時一個困擾許久的問題有了解答？如果你學著信任來自超認知力的想法，你的高我、指導靈和天使就能時時引導你。

要辨識並發展超認知力，你可以練習自動書寫。請一位朋友問你問題，如果他跟你很熟，他甚至可能會問他知道已困擾你很久的一個問題。請朋友用電郵把問題寄給你或許是最好的方式，這樣你可以在一個人的時候回答。開啟郵件前，召喚你在更高界域的指導靈協助你回答。讀問題時，不要停下來想答案。讓你的手指立刻在鍵盤上打出回覆，試著不要讓意識思考來干預你的回答，只要讓文字流動。當你最後檢查回答時，你可能會發現前面幾行或前幾段是意識流，但隨著你經常做這個練習，你會開始注意到，你答案的後半段對那個主題有你之前沒有的洞見和清晰想法。感覺像是你獲得更寬廣的觀點，以更高的角度來看問題，或是有條路已經出現在你面前，可以讓你的答案成為事實。我發現我在讀問題之前，如果先靜坐冥想幫助頭腦靜下來，就可以讓自己的思緒安靜一段時間，確保在自動書寫時的自我意識降到最低或是沒有的狀態，這樣就會是另一個聲音在回答。

附帶一提，人們對自動書寫的體驗各有不同：有的人聽到由外面傳來的逐字逐句，就像有人在口述給我們聽一樣，但我們也同時在思考，因為當我們在寫的時候，我們是清楚意識到每一個字。這個情形是靈聽力和超認知力一起合作在指引我們。這就是我體驗到的方式。而有些人只是寫下訊息，在接收結束後，讀到時才知道寫了些什麼，這就是純粹的超認知力。

羅馬不是一天造成的

請記得，最好的靈通者或靈媒經年累月地練習開發他們的每種能力，包括他們的靈通力。就像身體的感官一樣，有些人的聽力比視力好，形上學的感官也是，有些人的靈視力比靈聽力強。在你分別啟動每種靈通力之後，注意它們是如何相互幫助地完成訊息的傳送，或是協助你更快了解訊息。

我真心希望你們的直覺和心靈力的旅程跟我曾有的一樣有趣，同時也有豐富的精神回報！

第十一章　身為人類

我們不是所有事情都該知道

讓我告訴你們，身為靈媒，有時候會讓原本就已經很複雜的事變得更複雜。就像大多數的父母，有些時候我不想讓孩子去某個地方或做某件事，是因為我有不好的感覺。我無法總分得清那是為人母的擔憂，還是指導靈給的警告。每當我很確定時，就是我感受到平常沒有的感受。如果感受是悲觀沮喪，如果我因為焦慮而呼吸困難，如果我在事先就覺得哀傷，或是有一閃而逝的思緒令我難以承受，那我就知道感覺是真的了。我曾因為這些感覺而在孩子們懇求要去某處時說「不」，而平常我很可能完全沒有問題。

當他們問：「為什麼這次不行？」我只能說：「因為我的直覺跟我說不行。」我知道因為我的預感而錯過一次重要活動有多令人沮喪，但我還是會這麼決定。很多時候我不會知道結果——我從未得到我是否正確的證實，但那不重要，也許因為我那晚讓兒子們待在家裡，所以沒發生什麼不好的事。也許是我直覺的決定才讓他們平安無事。直到今天，我完全不知道我某天的不好感覺是不是幫助孩子避開危險的真實預感，還是只是天下父母因過於謹慎而常有的錯誤警訊，也或者，是來自我自己前世殘留的恐懼。這三種都同樣可能。

由來已久的恐懼

如果你不確定什麼是殘留的恐懼，讓我來解釋一下。

恐懼有兩種，一種是你自己發展出來或因為教導而產生。比如你以前曾被狗咬過，所以現在不敢摸狗，或因為你的母親曾被狗咬，透過常提醒你離狗遠些，她因此把這種恐懼傳給了你。

還有一種是你與生俱來的恐懼，這種恐懼從前世就有了。由於靈魂記得所有發生過的事，過去世的記憶很容易就被喚起。那些很快就喚起，像是存放在快撥鍵裡的記憶，通常都是最嚴重的創傷，這些重複出現的老舊恐懼就是殘留的恐懼。

我兒子約瑟夫甚至還在包尿布的時候，就已經顯示有這類恐懼的跡象。每次我們去買嬰兒食品，在超市櫃檯前排隊等結帳時，他就會全身發抖。想像一下，在只幾個月大時就已經那麼神經緊張！每次我們要付錢時總是如此，但我以前並不知道原因。等他長大會說話了，我問他：「約瑟夫，怎麼了？」他的回答讓我大吃一驚。「我們會變窮了，媽咪，妳剛才花了好多錢。」請原諒我的用詞，但我當時想：「搞什麼鬼？他哪裡懂得錢的事？哪裡懂什麼是窮？」他整個童年的反應都是這樣，我後來乾脆不再帶他跟我去買東西了，因為他的壓力實在太大。不論我是花一塊錢或一百塊，對他都沒有差別，他還是會在那種緊張的狀態。即使在大多數小孩都還沒有金錢概念之前，他就已經不停問我：「媽咪，我們會變窮嗎？妳剛才是不是把所有的錢都花光了？媽咪，妳要怎麼有更多的錢呢？」最後，我只好說：「約瑟夫，我的錢多到我都不知道該怎麼花了。」我基本上是在對他說謊，我們的財務是還算寬裕，但我必須要讓他感覺我們這輩子都不必愁錢了。「別擔心錢的事，我有錢。」我會一次次地這樣安慰他。

「我回家後可以看看那些錢嗎？」他問道。

我們在講的是一個很滑稽很古怪的情況，這個小孩對這個問題真的很憂心。並不是因為他天生容易緊張，他是對這個問題感到擔憂。多年後的一次前世回溯，我發現約瑟夫的某世非常貧窮，這下謎團解開了。

很多人都有殘留的恐懼，它們以各種方式呈現。有的人莫名奇妙地懼高，他們這世完全沒有怕高的理由，但這種恐懼對他們真實無比。我有個理論，很多異常肥胖的人跟前世遺留的恐懼有關；他們常會恐懼被餓死。我懷疑他們可能有一世是死於飢荒，或沒有足夠食物可吃。在這世，他們的靈魂像是在囤積食物——好似再怎麼多的食物也無法確保那般恐怖的事不再發生。雖然體重過重還有其他原因，但在某些極端的例子，我真的懷疑這跟靈魂記憶有關。

我個人非常怕海，可是這世沒有任何理由能解釋我為什麼會這麼感覺。我尊敬海洋，甚至我佛羅里達州的新家從窗口就能看到美麗的海景。住在靠海那麼近的地方對我其實很辛苦，我會這麼選擇是因為這樣離其他家人較近，但每當早上醒來看到海水，我就是無法感受到愛海的人的那種平靜。我先生和我姊姊都很愛海。蘇熱愛海洋，她簡直是條美人魚。

我對海洋的恐懼是因為我知道我在某個前世死於海嘯。多年來我腦中有個重複出現的畫面，我看到在某個遙遠的時空，我被大海吞噬。我真的很想好好享受從家中即可看到的海景，但我知道海的另一面，我知道它有怎樣的本事。海景一點都不討我喜歡，我雖想在其中找到平靜，但就是沒辦法，因為我知道大海是兇猛、恐怖和難以預測的。

差點被恐懼淹沒

儘管我恐懼海洋，幾年前我和先生還是買了一艘船。他和其他家人都熱愛水上活動，這令我不得不試著也去喜歡。結果，我這輩子對此也有很慘痛的經驗。

這艘船很小，只有二十八英呎長左右，它是用來遊湖或在長島的海灣航行，絕不是要用來出海的。我們剛買的前兩季，很享受在小艇的碼頭認識新朋友，大部分時候我們只是乘船在住家附近。如果是待在平靜的水面，我都沒有問題，而家裡的每個人也都很清楚不要帶我出海。

在某年七月四號的那個周末，我大兒子去參加棒球比賽，二兒子在我妹妹家跟表親玩，所以那天只有小安東尼跟我們在一起。我們想嘗試不同的航行路線，所以第一次往火島（Fire Island）航行。火島比我們平常行駛的航線遠些，但不是太遠。我們決定傍晚六點前回來，那時的天色還會很亮。

在回家的路上，我發現有一排小船都往某個方向航行，我們卻是往反方向走。我告訴安東尼，但他堅持他知道自己在做什麼。兩秒鐘後，我們就沒看到陸地。我最害怕的事成真了，我們置身於茫茫大海，錯過了通往水灣入口的那個半島，而海浪正竭力拍打著我們的船。我是說，拍打。這下我們死定了。我記得當時心想：「完了。我們完蛋了。」這艘船本來就不是用來出海，而我眼目所及，完全看不到能讓我們得救的任何跡象。我和小安東尼坐在船尾，後面的浪潮沖到了兩呎高，我們上下搖晃著。我的腎上腺素飆升，我趴在兒子身上，想保護他不會從椅子飛出或是受傷。我抬頭一看，簡直不敢相信自己看到的畫面，我先生整個身體就懸掛在船邊，他緊抓著舵輪保命。他那時還挺魁梧的，那次之後他瘦了很多。我相信如果他那時鬆了手，船就會整個翻掉，但感謝上帝，他奮力挺住了，本能反應讓他緊抓著不放。

他後來總算能控制住船的方向，在此同時，我也用手機打電話給海岸巡邏隊。在電話斷線前，我聽到他們說沒辦法派人來救我們，因為他們的小船也無法出海……

就在這時，我望向右邊，突然看到一片海灘。我大喊著要安東尼看，他後來總算把我們帶到那裡。在一陣慌亂中，我發現我們竟在天體灘著陸。我永遠不會忘記我兒子看到那時還在海灘上的幾位上空女子時的反應，但真正值得一提的是，那個傍晚海岸巡邏隊員的反應。

我打電話通報我們的位置，由於他們無法從水路來找我們，於是我們等他們從陸路開車過來。抵達時，他們說很訝異我們還活著。據他們說，船從海灘上岸更危險，因為沙洲造成的風險比留在海上更大。我們的船沒有被撞毀是因為有個巨浪帶我們衝越了沙洲。海岸巡邏隊員本已做了最壞打算，所以當他們看到我們平安無事時，不斷告訴我們，我們有多幸運。我說：「等等，你們的意思是，在你們值勤的這些年間，從沒聽過有人乘船從海灘上岸嗎？」他們搖著頭說：「沒有，從沒有過是生還上岸的。」就在這時，我終於了解我們的遭遇有多危險，而那天我們又是如何受到神聖的指引。

我告訴你們這個故事是因為我認為我注定要經歷這次驚險，一舉克服我對海洋的恐懼。我相信每次人生都是讓我們進步的機會，我「順便」到了大海又回來了就是證明。聖靈引導我們到了外海，然後又保護我們安全上岸，讓我知道結果有可能很糟，但沒有發生。

現在回顧，我意識到我很可能早就要學會這堂課的，但當我沒有及早學到時，我的指導靈知道非得給我個震撼教育不可。在孩子還小的時候，我因為不想讓我的殘留恐懼變成他們新養成的懼怕，所以我有意識地努力避免把我的恐懼灌輸在他們身上。這要比你們想像得更難做到，因為我不僅曾看到自己被海嘯吞噬，也不只一次看到我的孩子被淹死的畫面。於是，一個像我這麼固執的人，讓孩子成為游泳好手就成了我的任務。他們跟很棒的游泳教練學習，而且有很多練習的機會。

不過，即使這樣我還是無法完全放心，直到有一次我跟安東尼去拉斯維加斯出差，我們在盧克索飯店（Luxor Hotel）裡面一間很吸引人的水晶店，我注意到有個靈媒坐在後面為一個女子解讀。這個女子要離開時告訴我，那是她最棒的一次通靈解讀經驗。我心想，或許我也該試試。這個靈媒問我的第一句話就是：「妳擔心妳的小孩會被淹死嗎？」我簡直不敢相信，她一下就說中了。她還說了幾件跟金錢有關的事，也都正中，接著她就提到我的恐懼。「你住在埃及的某個前世，妳親眼看到妳的孩子在一次大水災被水沖走，妳卻救不了他們。」她說。我瞠目結舌，因為這跟我在靈視看到孩子被淹死的景象吻合。雖然在他們要沉入水裡時，我總是很努力要看清他們的臉。她的說法讓我知道了這件事是發生在何時何地。她繼續說道：「我現在告訴妳了，妳就不要再擔驚受怕，因為這不是今生的事。它不會發生在這一世。」

當我思考這兩個事件——我有個前世被海嘯淹死，另一個前世親眼目睹孩子淹死——我內心毫不懷疑，我們的許多恐懼都是來自另一個時空，而我們應該要把這些恐懼就留在那裡。

我跟靈魂的契約

就如知道我們前世的事往往會有幫助，有時候不知道今生的事也是有好處的。當我剛開始從事靈媒工作，看到許多人痛苦地看著親人被疾病長期折磨時，我就得到了這個結論。事先知道一個人的命運，然後必須眼看著命運慢慢展開是很可怕的事。為了繼續做我的工作並當個快樂靈媒，我決定，我不要知道親友的死期，就像我沒有這個天賦一樣。事實上，我請求不要知道有關任何人的這類細節。我不確定是不是因為我的要求，上帝跟我有了這個約定，還是這也可以引申到所有的靈媒，但無論是哪種情形，我都很感激。

然而，我也曾經有過一次因為不知道而非常傷痛的經驗。我姊姊的先生傑克，對我們來說，他不只是姊夫，他是我們的兄弟。正如我一直說的，你選擇了你的家人是因為某個生命的目標。基於很多理由，我們選了傑克，也或者，他選了我們。有他在我們的生命裡是很大的福氣。他是那種對自己所做的任何事都很精通的人。他是愛家的丈夫和父親，讓家人過著很有風格的生活。他在長島最令人嚮往的老韋斯特伯里（Old Westbury）社區有棟佔地七畝的美麗豪宅。他二十一歲時就已是成功的企業家。他是空手道黑帶，有一架自己的小飛機，而且飛行的哩數多到我數不清。

在遇到傑克前，安東尼從未有過兄弟，傑克也是，因此他們很自然的為彼此實現了這個角色。傑克總是盡所能提供指引。他幫助我們買了第一棟房子，因為他想要我們和他們家住得近一點。我們每個周末都會去他們家，孩子們可以在游泳池玩，就像我小時候享受親戚的陪伴那樣。我們甚至一起度假，大家總是玩得很開心。

傑克有件事很值得一提，那就是他總是面對他的恐懼。而我雖然跟你們提到會讓我害怕的事，但我通常也不會因為恐懼而退縮。你們也看到了，恐懼並沒有阻止我不去海上。但傑克的飛機是另一回事。我真的很不喜歡。我相信傑克是很好的駕駛員，我擔心的不是這個。我也不曾在靈視中看到任何畫面暗示與前世有關，所以也不是這個原因。總之，他的飛機就是讓我覺得不舒服。

我的感覺強烈到某天傑克帶我先生飛一趟回來後，我逼安東尼跟我保證，以後再也不會坐上那架飛機。他從我堅定的口氣知道我不是在說笑。

不久後，我父母宣布要賣掉他們的房子並搬到佛羅里達州，他們打算當候鳥族，冬天寒冷的時候就住在那裡，比較溫暖的季節就住在紐約。他們至少是這樣計畫：搬家那天，開自己的車去佛羅里達州，搬家公司的卡車則負責搬運他們的傢俱。傑克決定也要飛去，因為他妹妹剛生了小孩，他想去探望，同時也看看我父母的新家。

那趟旅程預定是八月三十日，在大約開學前兩週。我兒子約瑟夫和我外甥女瑪利亞認為暑假最後兩週在佛羅里達州陪伴外祖父母很不錯，所以他們也打算去。我姊姊因為要處理最大的孩子上大學的事要留在長島。安東尼提到傑克提議安東尼可以坐他的飛機過去，我聽到時整個人暴怒。我說：「你真的認為我上次要你做的那個承諾是在開玩笑嗎？」安東尼的回答很典型，就是我預期他會說的那種話。「該我死的時候自然會死，不管我是死在飛機上或火車上都一樣。我過馬路的時候也可能會死啊！」

他那時剛買了一輛摩托車，所以我很快提醒他，如果這件事他要違背我的意願，哈雷機車加上飛機，他肯定是增加了自己的危險。為了不讓他上那架飛機，我什麼話都說得出來。我這輩子從不曾那麼認真過：「你給我仔細聽好，如果你上那架飛機，我跟你保證，等你回來的時候就會在桌上看到離婚協議書。」這句話說得很重，我們從不曾對彼此說過這種話，甚至想都不曾想過。如果我說出這種威脅的話，他知道我是認真的。於是他跟傑克說他不能去。傑克後來打電話問了三個好友，但他們也都有某些原因而無法同行。最後，第四個人同意了。飛機上還有兩個空位，所以傑克說要帶約瑟夫和瑪利亞。如果不是我兒子和瑪利亞很愛坐汽車旅行，我父親又想出很有創意的點子，在他的廂型車後座放了套舒適的臥榻，這兩個孩子很可能會努力說服我（當然不會成功），兩小時的飛機比十八個小時的車程舒服多了。然而他們選擇跟外祖父母同行，而且很期待這次的旅程。

就在傑克上飛機的那天早上，他打了通電話給我。儘管他已經很有錢了，他還是一直在找省錢的好交易，他知道我也一樣。我們兩人有這個共通點，是因為他一直在找省錢的方法，而我的預算一直都很緊。

「嗨，金，」他說：「妳知道今天的市場行情公告嗎？雞肉一磅二．九九元。」

「真的假的？真是太好了！那我得趕快去買些雞肉回來。」

然後他開玩笑地說：「我什麼時候才有辦法讓妳坐上我的飛機？妳是唯一一個不曾坐過的。」

我毫不保留地回答：「傑克，你永遠都沒辦法讓我坐你的飛機。」

「為什麼？難道你不信任我？」他問道。

「我信任你，可是我不信任那架飛機，所以不要問我了，以後也別再邀我了。我不喜歡坐一般飛機，我也不會坐你的飛機。」

「天啊！」他說完後就哈哈笑了起來。

他還有件事要問他的省錢好搭檔。「聽著，金，你可以幫我一個忙嗎？」

「什麼事？」

「我已經幫大家訂了二月的機票。」

（幾年前我們一起去坎昆（Cancun）度了很棒的假期——我、安東尼、我父母、蘇、傑克和所有小孩。那是畢生難忘的旅行，我們都希望能有第二次，如果可能，我們準備那個寒假去。）

「我要妳幫我每天查票價的漲跌，降價的時候我們要馬上訂下來。」

他大可以要蘇做這件事，但我了解傑克，他想減少我姊姊要處理的事項，幫忙減輕她的擔子，而且也為了確保我和安東尼不會買貴了機票。

「好，沒問題。」

後來他又說了些話，我不敢相信我當時竟然沒聽出來。「妳要答應我，如果我死了，你們還是會去坎昆。」

「什麼？如果你死了，你以為我還會去坎昆嗎？你瘋了不成？」

「答應我，金，你們會去。答應我你們都會去。」

「傑克，我什麼都不要答應，這是我這輩子聽過最荒唐的事。」我說。

他接著說：「再見了，記得要注意機票。」

那晚稍晚的時候，我和安東尼在市區的一家喜劇俱樂部，不知為何，我一直想到傑克。我不是在擔心或什麼的，他就是出現在我的腦海。

隔天早上大約八點半，我醒來時突然很想吃奶油煎餅卷，於是我穿好衣服，像是要出任務般地出門去買。在去糕餅店的路上，我接到姊姊打來的電話。

「金，金，傑克死了。」

「什麼？」

「我知道他死了。」她在電話中哭著說。

「妳這話什麼意思？」

「他沒打電話給我，他到了佛羅里達應該要打電話給我的，我不知道該怎麼辦，我要打電話報警。」

「別擔心，」我對她說：「我馬上就過去。妳不要隨便下定論。」

由於我對奶油煎餅卷的渴望，所以我的車正好是開往她家的方向，也幾乎快到她家了。

我先生安東尼向來喜歡聽霍華德・史東（Howard Stern）的節目，汽車收音機原本就設定在天狼星廣播電台。當時霍華德和羅賓正在報新聞，羅賓說：「哦，霍華德，有架小飛機墜落在維吉尼亞州的萊辛頓校園，沒有傷到任何人，但駕駛死了。」

你們會相信我那時竟然還是沒有聯想到嗎？我很快就到了姊姊家，在開進蜿蜒的車道時，我看到州警。姊姊整個人歇斯底里。

傑克的死被證實了，他的屍體已被確認身份。他們在屍體殘骸中找到幾年前因為嚴重骨折開刀而放到他腿裡的鋼管，這使得警方能確認身分；他的朋友約翰也沒生還。航管局打電話給當地警察，由於我姊姊已經申報他失蹤，他們便直接過來通知。我聽到他們的談話，聯想到剛才的廣播，我自言自語：「是在維吉尼亞州的萊辛頓。」

「妳怎麼知道？」蘇問。

「剛才在霍華德．史東的廣播聽到的。」

即使有天生敏銳的感知，我也錯過了這些線索。所有的警示紅旗升起，我竟然一個也沒注意到。我無法了解怎麼會這樣，當時我並沒有想到我跟上帝的約定：不要給我看任何親友的死期。

不過有時候我會納悶，在我沒有預見的情況下，傑克自己是否已有預感。回想那天早晨我們最後的談話，我想他很可能有。

我的心靈能力只在快到葬禮時才又有作用，然後，就像是在準備諾西爾叔叔的追悼會時那樣，我聽到一首詩，部份來自傑克，部份來自上帝。這首詩是這樣的：

我並沒有完全離開

雖然離我上次見你們相隔不久，
對我們寶貴的過去，我有好多話要說。
時間無法抹去這麼多美好回憶，
它們將深印在你們心中，直到我們再次相見。
我不是有意要這麼早走，
但我別無選擇。

我並沒有完全離開。
你們聽不到我的聲音嗎？
我從不曾遠離你們，我一直都在。

在你們睡覺，在你們忙於一天的活動時，
我始終都在你們身邊。

請不要認為我離開了你們，
絕非如此。
我必須來這邊的世界幫忙了，
他們現在依賴我。

我問了上帝一個問題，
為什麼祂需要我在這裡？
祂看著我，微笑著說：「我現在告訴你，親愛的，
你在很短的時間裡完成了這麼多事，通過了這麼多考驗，
你認真傾聽並幫助我執行了很多任務。」

我告訴祂我不能走，

我還有太多事情要做。
祂告訴我，我必須離開。
「現在，他們會依靠蘇，
他們比你想像得還要堅強，
你把他們教得很好。
他們會應用你對他們的教導，你會看到，
時間會證明的。」

「他沒有完全離開，
他將永遠在你們身邊，
他並沒有完全離開，
他平安地跟我在一起。」

理解「失去」

我姊姊很清楚，最痛苦的經歷教導我們最多——它幫助我們認識自己的堅強和脆弱，我們的人生目的與計畫。是在像這樣的時刻，出乎意料的事帶引我們更靠近上帝。事後回顧，這次的痛失親人還有我與上帝的約定，我再次確認了只有增加我們對靈界的了解與靈魂世界的連結，才能幫助我們活得更自在、更有目標、更少恐懼。

沒有任何事能讓我們逃避死亡，或逃避我們今生來此注定要學的課題——那是我們自己選擇的功課。我們的指導靈能指引並保護我們到某個程度，但我們已先預定了課題計畫和離世的日期。雖然了解靈魂世界並增加對死後世界的知識很重要，於此同時，我們還是必須依照事先同意的使命，好好在人世生活。對靈媒如此，對任何人都是。

就某層面而言，安東尼說的沒錯，雖然我當時不想承認。當我們的時候到了就是到了。我記得卡麗曾告訴我，我們一生中平均有三次離世的時間點，但最後一次是沒得商量的。我知道她是對的。我確定像傑克這麼愛冒險的人，一定曾避過了死神的召喚。

我從恐懼中還學到了什麼？

謹慎，有時會被誤認為恐懼，它其實在自我的世界有它實用的目的。它能幫我們在危險的情勢中培養並運用常識，但有趣的是，我們在這裡談到的這類恐懼卻是基於對未知，對我們不知道的事物的恐懼。而我們最大的恐懼就是死亡。我們不只怕挨餓，我們還有對餓死的恐懼。我們不只怕高，我們有怕摔死的恐懼，諸如此類。但當我們了解到死亡並不是結束，而是一種延續，當我們了解到死亡不是熄燈，而是亮燈，當我們知道在疑惑的陰影背後，我們將再見到所愛的人，而這個人世生活只是我們靈魂永無止境旅程的一個中途站；唯有如此，我們才能開始消散恐懼並且擁抱愛。

將恐懼的能量轉化為愛

由於恐懼會堵塞能量，它會在人們的生活製造很多問題。它比任何所知的毒素更能使你的氣場黯淡，這是為什麼你們一定要盡力去除恐懼。我為自己設計的這個練習可以用一個步驟描述，但它不像我在本書提供的其他練習那麼簡單。但還是花點時間練習吧，我保證這會是所有練習中效果最強大的。

不論你們相不相信，訣竅就在於擁抱恐懼，接受你的恐懼。先下決定你要做些改變，要把負面轉化成正面（轉化為愛或啟發）。還記得我是如何面對我對大海的恐懼嗎？我努力在恐懼周圍創造嶄新和快樂的回憶。我和先生買了艘船，在船上享受了很多悠閒的午後，因為做了這個選擇，我們跟家人和朋友共度過許多快樂時光。即使其中一個下午的確很恐怖，其他的午後美好時光卻能幫助我一點點地消除先前對大海的不好聯想。就算我無法完全以好聯想取代舊聯想，至少我也能把恐懼漸漸推離。

我對佛羅里達州的新公寓也是同樣做法。我選擇住在海邊，因為這表示離我愛的親友很近。我有很多親人現在住在這裡。以前當他們搬離老家，我就很想念他們。我希望創造新的回憶來取代對大海的舊有記憶。這些行動都表示我選擇愛並面對恐懼，而不是選擇前世殘留的懼怕，我相信你們也做得到。只要確定一點，不論你們的恐懼是什麼，當你做出選擇時，讓你的身邊環繞著敏感、有覺知力並能支持你的人，他們的陪伴將協助你重寫你的經驗。

第十二章　履行你的天命

活在愛與光中

每當有人問我，靈媒的工作是怎麼個情形時，我總是告訴他們，很像讀一本書——我能打開他們人生中的某一頁並快速瀏覽。當然，我是經過他們的允許才這麼做，否則這跟偷翻他們的抽屜、櫥櫃或冰箱沒什麼差別。但基本上，這就是我做的事；我讀人們的**能量**——他們靈魂的能量。

就在我坐在這裡要完成最後一章時，我意識到，透過寫這本書，我邀請了你們做類似的體驗。閱讀《快樂靈媒》就很像是在讀**我的能量**。而截至目前為止，你們已經窺見了我的今生與前世，看到了我如何掙扎於將自己的天賦應用在靈魂的目標。你們也知道了我是如何學會關於靈界的一切，聽到了我跟指導靈和老師們的幾段對話。但願你們也在閱讀本書的過程中看到許多證明：每一回人生都是讓我們完成天命的嶄新機會。

但如果你是跟以前的我一樣，正處在尋找答案的階段，你很可能仍有些問題要問。所以讓我們用幾分鐘來複習一下。

當你們初次聽到靈魂合約，聽起來好像人生的一切都是預先決定好了的——你將在這裡學習什麼，跟誰學，你會住在哪裡，以及你的社經地位，全都已事先決定。甚至連你的「出口」——肉體死亡的時間——也都預設了。

當你們學到有自由意志，你們意識到這些合約內容都是自己在「另一邊」事先選擇的，而來到這邊後，決定要不要根據你的選擇在這個世界生活的人也是你。你的指導靈能夠協助你，但他們無法干涉你的自由意志。記得，他們在這件事上有著必須嚴格遵守的不干預政策。

當你根據事實來推斷，你就會發現，每個你以自由意志做出的正確選擇，能夠帶你更接近實現你的命運，而你所做的每個錯誤選擇，則會延後你達成人生目標。

這就是棘手的地方。如果我們不是有意識地覺察到自己的合約內容，那麼在這個世上擁有自由意志，不就很像是在黑暗中開槍——盲目嘗試。你腦中開始轉著幾個重要問題：要怎麼做才能更接近光——那個我預設的道路？我要怎樣才能再看看那份合約？

我對你們有信心，我知道你們心中已有答案，但讓我來為你們拆解。

提示一：要看到寫在乙太能量的靈魂合約，需要的不只是自我心智，你無法期望只透過你的五種肉體感官就履行天命或達到開悟。你必須發展你的心——第六感能引你更接近光，你因此能看見不那麼可見的宇宙運作，也因此能再看到你靈魂合約的內容。

提示二：在能量的世界，恐懼引向黑暗，愛導向光明。學習使用你的心——你的第六感——是讓你更接近開悟的一步。學習去愛是另一步。這兩者結合是非常強大的力量。我在這本書已經分享很多幫助你們開發第六感的方法。接下來的幾個方式是幫助你們更有愛，並將更多的光帶進生活裡。

愛就是答案

如果你想吸引光，你需要發出你已準備好接收它的訊號。你可以透過「清掃房間」——清理你的內心——來歡迎它。正如我們在第十一章談到的，第一個該清除的是你的恐懼。把那些恐懼收拾起來，還有你人生早期所學到的所有限制性的信念和影響，這些影響大部分是由自我心智所引導（這些信念通常包括學校、宗教，甚至是父母和祖先長久以來不容置疑的觀點。）放下這些侷限你的信念，它們無法再服務你，不能再帶給你益處了。用你迄今所採用的人生真相來取代。如果你們像我一樣，那麼就算在很小的時候，有些信念就是怎麼也無法引起共鳴。

下一步是把「空間」弄得舒適，如果你要成為這個光的美好的家，你必須學習以愛、尊重和仁慈對待自己。不論以前別人對你說過什麼，你不該因為先照顧自己而感到羞恥或愧疚。這不是自私或以自我為中心。事實上，在許多例子裡正好相反。想想飛機起飛前的安全指示：永遠是建議父母先戴上氧氣罩再協助小孩，因為如果父母自己無法呼吸，他們也無法幫上孩子。同樣的邏輯也適用於此，如果你沒照顧好自己，那你就不可能幫助別人。

你可以先從改掉貶低自己的壞習慣開始。在你說出任何評論你的智力、身體，或你對家人、朋友或社會的價值／重要性之前，請三思。只用仁慈的話說自己。就如我先前強調的，思想是能量的一種形式，話語也是。如果你要對外發出任何能量，要確定這些能量能幫助你，而不是跟你作對。

花時間寵愛自己。行動真的比話語來得有力。讓你的身、心、靈都毫不懷疑地知道你重視它們，並以靜坐、淨化和平衡脈輪來支持它們（尤其是心輪）。做運動、注意飲食起居，照顧好自己的身心健康。

提醒自己對於遇見靈魂群組的成員持開放態度——這會為你吸引一群你在天上已經選好要來支持和幫助你完成人生使命的人。他們就在某處，當他們在身邊時，你會感到一種特別的自在感，你常因此認出他們。你知道的，即使初次相見，也感覺已經認識一百年了。

以愛的口吻談論靈魂群組的成員——給他們和他們的使命同樣的支持，就像你希望他們為你做的那樣。

當你能做到上述這些時，你已準備好奉獻了，意思是，你已準備好開始為有需要的人努力或承擔義務。要知道，在你為他們的處境努力的同時，你也在提高自己靈魂的振動頻率。

你可以呼喚並連結所有天界的指導資源來幫助你，這包括每個專司其職的天使——比如喜悅、溝通、專注、承諾、耐心、愛、仁慈以及其他各類天使。在靜坐冥想或禱告時聯繫你的指導靈、教師指導靈和揚升大師。雖然我們隨時有這麼多資源供我們使用，別忘了，你總是可以直接去找最終極的源頭，也就是上帝，請求祂給你毅力或力量。上帝無所不在，無所不知，當然也是充滿慈愛。只要在心中跟祂說就行了。也別忘了諮商你內在的靈魂，它在無數前世所累積的知識遠比你意識到得多。

把你的意圖寫給宇宙，正如聖經告訴我們的：「只要請求，你就會得到。」把想法寫下來，讓你自己和造物主都更清楚你希求的事。當然，你應該要確定你的祈求、願望或渴望是為了最高的利益。如果是要從別人那裡剝奪來的，你也不要。

要有信心──相信你的心會引導你找到答案，並實現你這世的目標。

在努力達成目標的過程中，記得要放棄對事物的控制，並樂於接受宇宙所給予的，因為宇宙知道什麼樣的安排對你最好，而且它會讓你知道。記住，如果在你等待某個事物一陣子之後，它還沒出現，很可能那就不是你的。它跟你簽的合約並不一致。你必須放下。但放心，該是你的就一定會發生。

別誤會我的意思，我仍然是人，我也會害怕，而且有些時候我絕對有想要的東西，但當宇宙說「不」時，我必須提醒自己，上帝比我們更清楚怎樣對我們最好，而且祂的時間不一定是我們的時間。偶爾答案會是「不」，不會永遠都是「好」，這就是重點。不要沮喪。不要對任何事太過急切，因為該發生的就會發生，而且發生的時間會是符合所有人的最高利益，在對大家都是最好的時候發生。

當你偏離目標時也要有這樣的耐性——當你因為做了偏離正軌的選擇而感到掙扎慌亂。在這樣的時候，別緊張，不要給自己太大壓力。記住，發生在你身上的事只是永恆裡的一剎那——時間軸裡的一個小點。不是什麼大事。轉錯彎頂多只是帶你走上一條不同的路，但因為你的目的地已經預定好了，你遲早會到你注定要去的地方，至於要多久，我不知道。但我知道不論你走九十五號公路或鄉間小路，你仍會到達那個目的地。不要擔心。

現在，建議了這麼多之後，我有說你的人生將會是完美的嗎？沒有。你的人生不會完美是因為你仍然必須應付許多不了解我們所說概念的人，也或者他們聽都沒聽過。他們已遠離神性力量，他們用其他東西來填補內心缺口，從失控的消費、抽菸到吃喝玩樂等等一大堆消遣娛樂，他們希望這些東西能帶來平靜或歡樂。但這不表示在你所到之處你無法成為光明——只要你與心同步，你就能照亮黑暗。

我認為現在說這點很重要：直到我自己再次回到「另一邊」或終於達到完全開悟之前，我不會知道所有的答案。在我個人的旅程，我從抗拒天賦到如今對它們的瞭解，證明了我們一直都在學習。但我確實相信到目前為止的資料來源，我也不會再問：「為什麼是我？」我很開心我是個靈媒，我也知道多年來透過幫助他人，我自己深深受益。

我在前言時跟你們說過，聖靈讓你挑中這本書是有原因的。是的，學習了解心靈現象，增強你的直覺和心靈能力，或甚至發現如何成為靈媒是部分原因。但靈魂也確實要我鼓勵你們更仔細觀察自己的所有天賦，不論什麼天賦，即使不是靈通力的範圍也無所謂。也許你是有天賦的電腦程式設計師、音樂家、廚師、設計家、警探、護士或籃球選手，你們想追求的任何事，都能因為與光能量有更好的連結而提升。

對於我們的天賦才能，靈魂不會介意我們問：「為什麼是我？」我們也可以去思考也許這些能力出現在我們身上是有目的的——靈魂的目的。如果你真的對某件事很感興趣，卻感覺自己被拉到另一個方向，就像我之前對前世回溯比對通靈感興趣那樣，別擔心，你會找到結合這些興趣的方式，而那個方式會使你做得更好。

我接收和傳送來自靈界這麼多的訊息，領會到它們隱含的意義在於，**我們的人生並不是要受苦和犧牲。相反的，我們在此是要透過使用我們靈魂的天賦並運用我們獨特的創造力來啓發他人。**

我相信接下來的這個訊息對年輕人特別重要，所以我會以我對自己孩子說的話來告訴你們：我們很容易就會陷入社會對我們的期待，而不是以自己來到人世前在「另一邊」所設的期許。然而，如果你尋找、認同，並將你最棒的才華使用在高善的目的，你總是會找到自己的路。

我也督促他們要記得，我們全都與一個源頭連結在一起，因此，我們彼此絕不是分離的。在我們追求並記得我們使命的同時，寬恕他人並無條件的互愛也很重要。活在愛裡，而不是恐懼。活在衆多的可能性和光明裡，而不是黑暗；這是生命注定的意義。

跟靈魂共事這麼多年來，我總是要求聖靈透過我傳遞最好、最適當的訊息。我真誠希望，透過這本書，我也為你們傳遞了最具意義的訊息。

我為你們祈禱，願你們的靈魂在每個開展的時刻，將它無窮的智慧輕聲傳進你的心，使你們永遠與上帝的愛連結。

我向你們的內在之神致意

——快樂靈媒　金・羅素

作者後記

關於我靈媒資格驗證的幾句話

我念高中時，最喜歡的科目是科學。我的太陽星座是雙子座，所以很自然地喜歡知道事物是如何運作。把概念拆解到最簡單的形式，是了解它們機制的最好方法，就如你在本書看到的，我就是用同樣方法來理解靈媒功能的運作。

當靈媒這麼多年，我遇到和交談過的死人很可能比活人還多。我希望有一天當我脫去肉體回到老家，會再見到他們。我可以想像，到時會有個大團聚。通靈的時候，我會很親密地了解那個靈魂，這就跟如果我去你們家吃晚飯，你的鮑勃叔叔坐在我隔壁一樣。跟他交談時，我會熟悉他許多性格：不好笑的笑話、有感染力的爽朗笑聲，也許還有他糟糕的餐桌禮儀。當我在通靈時看到你的親人，他們靈魂展現的個性也跟生前差不多；靈魂找我時都是以他們最真實的樣子出現。我很久前就體會到，如果死後世界不存在，我就不可能從這些短暫接觸中，知道這些他們跟我分享的鮮為人知的生活和死亡細節。我很小的時候就直覺知道有另一個世界的存在，但是是在一個接一個的通靈後，證實了這點。

雖然我有了說服自己和那些來找我通靈的人的所有證據，但我認為如果能測試自己的能力也不錯。我起先不知道該從哪裡開始，很少機構能為靈通能力背書，更別提認證他們擁有高度準確性和可信度了。後來我發現一個名為永恆家族基金會（Forever Family Foundation）的組織，他們其中一個主要使命是透過研究和教育，為失親的個人和家庭提供支持、資訊和希望的論壇，藉著死後意識續存的科學研究，提供失親家庭最先進的服務。

為了完成這個重要使命，基金會的管理人會測試並確定列名在他們機構的靈媒都具有高度發展的靈通力。測試時，我被帶到一個大房間，分別為幾個人通靈。當然，這個基金會選的都是我以前不曾接觸過的人，然後根據我為每個人提供的資訊的正確性來打分數。

當我見到這個非營利機構的創始人鮑伯和法朗，立刻覺得志趣相投。我們的目標一致，我當下就知道我找到了我在尋找的東西。雖然他們總是對所認證的靈媒表示感激，我不確定他們是否知道我們靈媒也很感謝他們。他們很棒，提供了必要和寶貴資源給哀傷的失親者，還有我們這些具通靈能力的人。

除了鮑伯和法朗，我也很感謝團隊的其他靈媒。這個機構請我們捐出自己的時間幫助他們的服務對象，因此，永恆家族基金會吸引的不僅是有天賦的靈媒，也是真正樂於付出的靈媒。他們都很出色而且心胸寬大，大家都很了解失去親人的人有多脆弱。我們和這個機構的目標都是要以最大的慈悲和愛對待每一個人。我很開心能跟其他知名靈媒，蘿拉・琳恩・傑克遜（Laura Lynne Jackson）、芭比・艾莉森（Bobbi Allison）、泰瑞莎・卡布托（Theresa Caputo）、朵琳・莫洛依（Doreen Molloy），獲得永恆家族基金會的認證，我也很自豪能夠擔任基金會的靈媒顧問，讓我更能協助他們達成目標。

成為永恆家族基金會認證靈媒多年後，跟我同被認證的靈媒蘿拉・琳恩・傑克遜，《The Light Between Us》的作者打電話給我，建議我也去專門研究人類潛能應用的風橋研究所（Windbridge Institute for Applied Research）申請認證，風橋也是具有傑出聲譽的機構。事實上，蘿拉很好奇我怎麼到現在還沒申請。老實說，我是一度想過要申請，可是我以為必須飛到機構的所在地亞利桑納州的土桑市（Tuscon）完成他們要求的考試，我並不知道可以透過電話接受測試。此外，我曾在永恆家族基金會的聚會無意間聽到兩位靈媒提到，要獲得這個機構的認證必須經過好幾個步驟，聽起來要做很多事的感覺。「說真的，蘿拉，你認為我能通過考試嗎？」我說。蘿拉笑了，每當我有所懷疑時，蘿拉總會這樣。她笑著說：「金，我當然認為妳會通過考試，我都通過了。再說，妳的指導靈都很厲害，他們從來沒有，也絕對不會讓妳失望。」蘿拉總會說出我需要聽的道理，這次的談話鼓勵了我打電話過去。她說：「金，我想他們現在只剩下幾個靈媒認證的名額了，在這之後，我知道他們就不再接受申請。」

打鐵趁熱，我立刻就到他們的網站看看需要些什麼。想到要接受考試就蠻嚇人的，而且過程還要經過八個步驟，包括填寫問卷、性格和心理測試、兩通電話訪談、兩次電話通靈、靈媒研究訓練、人類研究主題的訓練，最後，還有了解喪親者訓練。

我很喜歡兩位共同創始人茱莉．貝雪博士（Dr. Julie Beischel）和馬克．博庫西（Mark Boccuzzi），他們的團隊有令人折服的宗旨，我引述如下：「風橋研究所成立於二〇〇八年，致力於對當前以傳統科學方法無法解釋的現象進行世界級的研究。我們主要的重點在發展和傳播資訊、服務和技術的應用研究，讓人們能達到他們最大的潛能，因此生活得更健康、快樂和充實。」

我對這個機構有很好的感覺，尤其我喜歡科學研究，而他們是由一群具有不同背景、專業和興趣的科學家組成的獨立機構。「去申請也不會有什麼損失。」我心想。我向來都熱愛挑戰，於是拿起電話，跟茱莉談上了話。她真的很酷，我可以感受到她對研究的熱情，以及她敏銳的科學心智。她很坦率，也把所有對我的要求都解釋得很清楚，在網路上讀來一長串的事項，現在聽來十足是令人超級興奮的挑戰。我非常感興趣，等不及要開始進行這些程序，看看我的能力是不是能通過。

我記得每個步驟都有令人緊張的部分，除了行政人員要對我進行長時間的訪談，來決定我的性格、意圖和道德觀是否符合之外，還要經過已通過認證的靈媒同儕的深度訪談考核。但所有考試中最讓我記憶深刻的是看不見對象的通靈。他們說我會接到一通完全不知名的來電，也不會有任何資料顯示來電者是男性或女性。當電話響起，我接起來後，必須等來電者在鍵盤上按個數字，那個聲音就是暗示我確實有人在電話線上。雖然我是要通靈死者，但我完全不知道通靈的這位死者是不是來電者的親屬。我甚至不知道我傳達的訊息對聽者有沒有意義，我唯一能確定的，是我看到、聽到和感覺到的事。在那時候我只能信任靈魂提供給我的資訊。在通靈過程中，我聽不到來電者的任何聲音——甚至連清嗓子的聲音或任何隱約的噪音都沒有。

完成這些嚴格考試的幾個月後，我收到了好消息，我正式成為風橋研究所認證通過的靈媒。現在，我自願撥出時間為這兩個很棒的機構擔任志工，就像我很確定我的名字是金．羅素，我知道，靈魂在肉體死亡後仍然存續。我會保持樂觀的態度，相信有一天科學將毫無疑問地證明靈魂不死。

謝辭

獻給我人間的父親：你是一個女兒所能希求的最棒父親。當我遇到不好過的一天，想到你燦爛的笑容和爽朗笑聲就會讓我覺得好過些。是你教我辛勤工作的真諦，指引我不僅要跟隨夢想，更要追逐夢想。親愛的父親，我確實追逐了夢想，希望你為我感到驕傲。請好好安息，繼續跟天使一起飛翔。我對你的思念筆墨難以形容，但我已經知道，這不是永別——只是暫別到我們再會的那天……。附註：我比以前更愛你……

獻給始終相信我的母親：即使在我懷疑自己時，妳也從不曾質疑我的能力，感謝妳給了我堅固的根基，教導我要相信自己永遠是在該在的地方，永遠不為小事煩惱。妳教導我，我的聲音對這個世界很重要，並要我永遠信任直覺。但最重要的是，謝謝妳教導我，傾聽自己的心有多重要。

獻給我的丈夫安東尼（Anthony）：你的一聲「哈囉」便虜獲了我的心，我每天都感謝上帝帶給我一個像你這麼棒的人，我欣賞你的一切。你無條件的愛和無止盡的犧牲，才讓我有機會跟這個世界分享我的天賦。你以身教示範，教導我如何讓自己變得更好。你是這世上我唯一想共度並分享這趟美妙歷險的人。我愛你！

給我的孩子們，尼可拉斯（Nicholas）、約瑟夫（Joseph）和小安東尼（Anthony Jr.）：謝謝你們選我當你們的媽媽。你們不僅滿足了我想體驗無條件的愛的靈魂渴望，也因為你們，我身為母親的滿足超過了所有預期。你們圓滿了我的人生，我等不及看到你們的靈魂在未來為這個世界所做的美好貢獻。我對你們的愛永無止境！

獻給我的姊姊蘇珊（Susan）：謝謝妳總是在我身邊，謝謝妳毫不動搖的支持和愛護，尤其是在我小時候那些漫長、黑暗和無眠的夜晚。妳為了我做了許多只有姊姊才會做的事，比方說，假裝是我，打電話跟我老闆辭職。噓……我不會告訴別人的。我很喜歡我們不需要言語就能溝通，喜歡妳總是知道我心裡在想什麼；譬如，在桌底下的一個踢腳，或一個眼神就能說明一切。正如俗語所說：「血緣讓我們成為家人，但是心靈讓我們成為朋友。」

獻給我哥哥尼爾（Neil）：謝謝你做你自己。我愛極了我們關於人生的深談對話。謝謝你總是保持真實的一面，最重要的是，謝謝你總是能讓我開懷大笑；你是我認識的人中最風趣的一個。雖然爸爸留了很難勝任的工作，但你絕對做得很稱職。我好愛你。

獻給我的嫂嫂泰瑞莎（Theresa）和姊夫傑克（Jack），太早離開我們的兩位：謝謝你們持續守護我們的親人，並始終讓我們感覺到你們的存在。言語無法形容你們對我們人生的影響。因為你們，這個世界變得更美好。

獻給我的堂姊瑪麗・蘭達佐（Mary Randazzo）和卡蜜拉・莫斯帝（Carmela Mosti）：妳們不僅是我的堂姊妹，也是我童年玩伴和永遠的好友。謝謝妳們總是在我身邊，謝謝妳們多年來的愛與支持。我的人生有妳們真的很幸運，人們說我們無法選擇親人，但如果給我機會，我會一次又一次地選妳們當我的親人。

獻給我所有的靈魂姊妹卡蜜兒・馬拉・馬洛羅（Camille Marra Merollo）、芭比・艾莉森（Bobbi Allison）、蘿拉・琳恩・傑克森（Laura Lynne Jackson）、史蒂芬妮・蘿絲・維尼爾帝（Stephanie Rose Vriniotis）、瑪利亞・馬特拉（Maria Matera）、多莉安・貝爾（Dorene Bair）、佩特・朗哥（Pat Longo）和莉莎・奧斯汀（Lisa Austin），我只能在這裡提幾個名字（其他人，妳們自己知道）：我每天都感謝上帝送給我這群讓我欽佩和敬重的女性朋友，我們可以一起歡笑和哭泣。但最重要的是，跟妳們在一起時，我可以當我自己。妳們各自以獨特的方式，為我的人生增添了神奇。

獻給每一個相信我的人：我稱你們為我的老師。你們每個人都在最完美的時機影響了我的人生，謝謝你們在學生準備好時出現。尤其是荷莉・夏妮克（Holly Chalnick），謝謝妳從不曾放棄我，並時時鼓勵我走在正確的道路。妳不僅在人間指引我，我也永遠感激妳從死後世界給予的指引。妳確實將所學的一切傳佈出去了，我知道就像天使一樣，妳已贏得妳的翅膀。

獻給貝利・羅森伯格（Barry Rosenberg）和琳達・斯塔西（Linda Stasi）：謝謝你們

看出我的特別之處，為我不辭辛苦。我永遠感激你們。

獻給我魔法圈的所有學生：謝謝你們信任我幫助你們開發寶貴的天賦。我們相聚時產生的能量情感將永遠刻印在時空和我們的心中。雖然你們稱我老師，我卻不斷從你們每個人身上學到寶貴的東西。願你們閃亮的光芒持續發光，讓全世界都能看到。

感謝在人生電影頻道（Lifetime Movie Network）的所有人的信任，謝謝你們給我全球的舞台，讓我能協助提升人類的意識。

獻給我的合作夥伴，荷普・英納莉（Hope Innelli）：感謝妳花費無數個小時，孜孜不倦的努力，確保我書中的每一頁都是完美的文字。因為有妳對細節敏銳的眼光和對這個作品的奉獻精神，本書的文字才能展現生命——就像一首創作優美的樂章，這首將成為我們靈魂的樂曲。

獻給我的出版指導麗莎・夏基（Lisa Sharkey），克勞蒂亞・雷默・包托特（Claudia

Reimer Boutote）和艾咪・班德爾（Amy Bendell）：謝謝妳們相信我，讓我透過這本書的力量發聲。還要感謝蘇珊娜・衛克漢（Suzanne Wickham）、珍妮佛・簡森（Jennifer Jenson）、愛麗莎・席維莫（Alieza Schvimer）、阿里莎・魯班（Alyssa Rueben）、戴維・羅伯基（Dave Roberge），以及麥斯・蓋丁格（Max Gettinger），感謝你們所有人為本書所做的貢獻。

獻給我所有的粉絲和此時此刻拿著這本書的讀者：謝謝你們讓我跟你們分享我的故事。我跟你們說過，你們會拿到這本書是有原因的，希望你往後會發現更多原因。不論你的原因是在哪一章、哪一段或是哪個字，我都感謝你們，我為你們為發現真實身份所跨出的第一步鼓掌。記得，「我們不是擁有靈性經驗的人類，而是擁有人類體驗的靈性生命體。」

——金・羅素

宇宙花園 23

快樂靈媒——來自「另一邊」的生命課程&啟動你的心靈能力

The Happy Medium — Life Lessons from the Other Side

作者：金・羅素（Kim Russo）

譯者：張志華　舒靈

出版：宇宙花園

通訊地址：北市安和路1段11號4樓

e-mail：gardener@cosmicgarden.com.tw

編輯：宇宙花園

內頁版型：黃雅藍

印刷：金東印刷事業有限公司

總經銷：聯合發行股份有限公司　電話：(02)2917-8022

初版：2018年5月

定價：NT$ 420元

ISBN：978-986-91965-8-1

國家圖書館出版品預行編目（CIP）資料

快樂靈媒：來自另一邊的生命課程&啟動你的心靈能力

金・羅素（Kim Russo）作；張志華, 舒靈譯. -- 初版. –

臺北市：宇宙花園, 2018.05 面；　公分. --（宇宙花園；23）

譯自：The happy medium : life lessons from the other side

ISBN 978-986-91965-8-1（平裝）

1. 超心理學　2. 通靈術　3. 靈修

175.9　　107006618